# 英语教学与语用分析

荣风静　杨明珠　著

北京工业大学出版社

图书在版编目（CIP）数据

英语教学与语用分析 / 荣风静，杨明珠著．— 北京：北京工业大学出版社，2018.8（2021.5 重印）
ISBN 978-7-5639-6751-3

Ⅰ．①英… Ⅱ．①荣… ②杨… Ⅲ．①英语－教学研究 Ⅳ．①H319.3

中国版本图书馆 CIP 数据核字（2019）第 010458 号

# 英语教学与语用分析

**著　　者：** 荣风静　杨明珠
**责任编辑：** 赵圆萌
**封面设计：** 点墨轩阁
**出版发行：** 北京工业大学出版社
（北京市朝阳区平乐园 100 号　邮编：100124）
010-67391722（传真）　bgdcbs@sina.com
**经销单位：** 全国各地新华书店
**承印单位：** 三河市明华印务有限公司
**开　　本：** 787 毫米 ×1092 毫米　1/16
**印　　张：** 11
**字　　数：** 220 千字
**版　　次：** 2018 年 8 月第 1 版
**印　　次：** 2021 年 5 月第 2 次印刷
**标准书号：** ISBN 978-7-5639-6751-3
**定　　价：** 48.00 元

# 前　言

语用学是一门有着较长历史的学科，虽然这一概念最早是由美国学者莫里斯在 1937 年提出的，但是早在古罗马、希腊时期，语用学就引起了人们的注意，在雄辩学的著作中，也有对相关问题的论述。经过长期的发展，在研究者们的努力下，语用学获得了极大的发展，研究的内容越来越广泛，研究的问题也越来越深入，并发展出了多门交叉学科。发展到现在，语用学已经成为一门较为成熟的、处于领先地位的学科。

当前，随着社会的进步和发展，国际化的进程越来越深入，世界各国、各民族之间的交流也日益紧密，跨文化交际已成为日常生活中的重要内容。语言作为交际的工具在现代社会生活中发挥着巨大的作用，尤其对于跨文化交际来说，外语发挥着巨大的作用。随着我国改革开放的深入发展和综合国力的不断增强，我国在世界的经济贸易、文化交流等方面都发挥着巨大的作用，我国与世界其他各国之间的交往和联系也日益紧密，英语交际能力已经成为现代社会人们的必备能力之一，社会对于具备英语交际能力的人才的需求也越来越大。

但是，在传统的英语教育下，教师偏重对英语语法知识的讲授。学生在学习英语的过程中，花费了大量的时间和精力在单词与语法知识的记忆上，这就导致了大部分学生英语语用能力不强，在英语交际中经常出现语用失误，不利于学生开展跨文化交际。语言教学的最终目的是使学习者应用语言进行交际，人们对于英语运用能力也越来越重视。目前，我国传统英语教育方式的弊端日益凸显，加强英语运用能力的教学成为英语教学亟待解决的问题。

语用学的重点是关于语言的运用，将语用学的相关理论应用到我国的英语教学中，能够有效地实现对学生语用能力的培养，使学生在英语学习的过程中能够充分重视语境，了解东西方文化差异，准确理解对方的表达，遵循西方社会的交际准则，尽量避免语用失误，在变换的语境中灵活使用英语，顺利完成交际。

为了保证内容的丰富性与研究的多样性，笔者在撰写的过程中参阅了很多关于英语教学与语用分析研究等方面的资料，在此对相关作者表示衷心的感谢。

最后，由于笔者水平有限，时间仓促，书中难免有疏漏和不妥之处，恳请同行专家和读者批评指正。

作　者

2018 年 10 月

# 目　录


**第一章　绪　　论**……1

第一节　英语的起源与我国英语教育的发展……1

第二节　语用学的起源与发展……18

第三节　语用学与英语教学……23

**第二章　语言学与英语教学**……27

第一节　语言学及其分支学科……27

第二节　语言学的演进历程……48

第三节　英语教学的本质特征……53

第四节　英语教学的现状与发展……54

**第三章　语用分析与英语教学研究**……61

第一节　语用分析的内涵……61

第二节　语用理解与英语教学……62

第三节　语用分析在英语教学中的应用与意义……67

**第四章　英语教学中的语用分析探究**……77

第一节　英语委婉语的语用分析……77

第二节　英语情态动词的语用分析……81

第三节　英语被动语态的语用分析……88

**第五章　语用分析视角下的英语语法教学**……91

第一节　情态助动词语法教学……91

第二节　条件句语法教学……99

第三节　进行式语法教学……103

**第六章　语用分析视角下的英语对话教学**……109

第一节　言语始发行为教学……109

第二节　非言语始发行为教学……126

第七章　英语语用能力的培养途径 ……141
第一节　基础教育英语教学语用能力的培养 ……141
第二节　职业教育英语教学语用能力的培养 ……145
第三节　高等教育英语专业语用能力的培养 ……151
第四节　本科院校非英语专业语用能力的培养 ……157
第五节　英语教学中的语用教学探索 ……161
参考文献……167

# 第一章 绪 论

作为一门语言来说，英语不是静止存在的，而是随着社会的发展而变化的。英语这门语言历史悠久，并且不断发展变化，从而形成了现代英语的形态。对英语的发展历史进行考察和分析有利于人们加深对英语这门语言的理解。对于我国来说，英语属于一门外语，因此英语教学在我国也具有悠久的历史，从最初英语教学的引入到如今英语教学的快速发展，经历了漫长的过程，对其进行考察能够对我国英语的发展有更为深入的认识。语用学作为研究语用的学问，必然也会随着语言的变化而不断发展。对于语言教学来说，语言的语用是其最终的目标，因此语用学与英语教学也存在着密切的关系。

## 第一节 英语的起源与我国英语教育的发展

### 一、英语的起源

在公元前700年左右，欧洲西部的部分凯尔特部族迁徙到了海峡对岸的不列颠岛，其中布立吞人（Britons）成了不列颠岛的主体民族，因此罗马人将该岛称为布里塔尼亚（Britannia），意为布立吞人之地。英语中的“Britain”（不列颠）即由此而来。

在罗马完全征服不列颠前，不列颠群岛的居民主要为凯尔特人，以凯尔特语为主要语言。在罗马人统治期间，虽然罗马人以拉丁语为母语，但是由于使用人数较少，凯尔特人仍保持着自己母语的地位。盎格鲁人、撒克逊人、朱特人等入侵后，这些人使用的是古日耳曼语的不同方言，彼此之间可以互相交流，讲凯尔特语的本地人被迫逃往西北部。这些入侵的部落以盎格鲁人为主体，因此在古英语中用“Engleland”（land of the Angles）一词称呼被盎格鲁人、撒克逊人、朱特人占据的地区，即英格兰，他们使用的语言被称为“Englisc”（古英语中，sc的读音与现代英语sh相同）。在1500多年的发展过程中，英语在字母、拼写、语音、语法等方面受到了诸多语言的影响，并吸收了100多种语言。经过不断地发展，英语逐渐从综合性语言（synthetic language）转变为分析性语言（analytic language）。

## 二、英语的发展

英语最初是占据英格兰地区的日耳曼人使用的语言，其发展到现在，可以将其划分为4个时期：古英语时期（Old English，公元449—1066）；中世纪英语时期（Middle English，公元1066—1489）；早期现代英语时期（Early Modern English，公元1489—1801）；现代英语时期（Modern English，公元1801—至今）。

### （一）古英语时期

在历史上，凯尔特语是不列颠最早的语言。随着历史的发展，凯尔特语主要发展成为爱尔兰盖尔语（Gaelic）、苏格兰盖尔语以及威尔士语（Welsh）等多种方言。罗马人入侵英格兰，也将拉丁语和拉丁文字引入不列颠。在考古上，出土了大量的罗马帝国时期的拉丁文碑刻，证明着拉丁文在不列颠地区的存在。但是，并没有发现凯尔特语的文字记录。凯尔特语作为不列颠的土著语，其对古英语几乎没产生多少影响，留下的仅是一些词源被遗忘的地名，如伦敦（London）、利兹（Leeds）、多佛尔（Dover）、泰晤士河（The Thames）等。

公元449年，盎格鲁－撒克逊人在入侵前，已经接触到了拉丁语，并对一些常用的拉丁单词进行借用，其中30%为动植物的名称；20%与食品、容器和家庭有关；12%与建筑、建材和定居有关；12%与服装有关；9%与军事和法律有关；9%与商业活动有关，7%为其他类单词。其语言基本为口语，在罗马字母的影响下产生了“如尼”文（Runes），是一种直线符号，主要刻画在骨头、木头和石头等硬质材料上。

公元597年，圣奥古斯丁（St. Augustine）带领四十名传教士从罗马来到不列颠，并在不列颠南部的肯特郡修建教堂开展传教活动。基督教在不列颠实现了迅速和广泛的传播，盎格鲁－撒克逊人占领的七个王国中有四个王国普及了基督教。伴随着基督教的传播，拉丁字母逐渐取代了如尼文，成为主要的书写字母，在语言中也融入了不少基督教色彩的词汇，约有450个拉丁词进入了古英语。

古英语使用的字母与现在的英语有一定差别，尤其是在单词的拼写方式上的差异最大。古英语的字母共24个，其中的一些字母如α、β等现在的英语中并没有。随着英语的发展，古英语淘汰了原有的6个字母，并加入了8个新的字母，最终形成了现在的26个字母。发展到中世纪时期，英语单词的拼写开始接近现代英语。通过同一语句在不同时期的表达方式，能够直观地观察英语在不同发展时期的差异。

古英语：Gemiltsa m ī num suna.

中古英语：Haue mercy on my sone.

现代英语：Have mercy on my son.

占据英格兰的盎格鲁－撒克逊人和朱特人分布在不同的地区，因此也就形成了各种方言。英格兰东南部的威塞克斯（Wessex）王国，在艾尔弗雷德（Alfred）国王的统治下逐渐发展强大。公元 871 年，艾尔弗雷德国开展了将拉丁文翻译为英文的活动，用拉丁字母取代如尼字母，这一地区的英语也成为古英语的主流。

公元787年，北欧海盗开始入侵不列颠。这些入侵者主要来自现在的挪威、瑞典和丹麦，被统称为“丹麦人”（Danes）。到公元 850 年，四个王国中只有威塞克斯王国没有被占领。北欧海盗的入侵使得盎格鲁－撒克逊民族及其英语语言文化濒临灭绝。公元 878 年，艾尔弗雷德国王在英格兰西南部与北欧海盗交战并取得了胜利，战败的北欧海盗退到英格兰东北部地区，其首领也接受洗礼，信奉基督教。双方于公元 886 年签署了《韦德摩尔条约》。

入侵英格兰的北欧海盗主要使用古诺斯语，其与古英语存在许多相似之处。因此，在其后的三百多年间，这两种语言通过长期的交流，使英语逐渐变得简单。在古英语中，“屈折变化”（inflection）非常多。“屈折变化”即单词的词尾变化，通过在词尾添加不同的字母以表示单词的性、格、数。例如，古英语中的单词在性上可分为阴性、阳性、中性三种，且这种性的分类是硬性规定的，与具体事物（包括非生物）的性别无关，因此这能将其视为名词外的额外信息，作为在句子中与名词有关单词之间的一种匹配性标记。在格上，又分为主格、宾格、生格（也称属格）或与格（作间接宾语的宾格）等不同类型。在数上，除单、复数外共有 8 种不同的语法变化。

语格的复杂使得语序在古英语中变得不重要，呈现出一种无语序的状态，古英语的语序特点也与拉丁语和古希腊语相同。在古英语中，句子主要使用“主宾谓（SOV）”语序，在这一点上其与现代德语一致。

与古诺斯语的接触和融合，促进了古英语的发展变化。其表述性、格、数的词尾逐渐消失；名词的复数形式逐渐以简单的 -s 结尾。不规则动词的过去式逐渐向规则转变，在词尾加 -ed。古英语吸收了古诺斯语的单词多达 400 余个，其中“they”“them”“their”等词一直沿用至今。

### （二）中世纪英语时期

公元 1066 年 9 月，在教皇的支持下，法国诺曼底（Normandy）公爵威廉（William）联合诺曼底贵族和法国各地的骑士，率军渡过英吉利海峡，入侵英国，打败英军，被加冕为“征服者威廉一世”（William Ⅰ the Conqueror）。在接下来的250年间，法语成为英国的官方语言。那时期的诺曼底人来自法国的诺曼底王朝，这个王朝是由来自北方的日耳曼人所建立的，他们完全接受法语文化，不过他们所操的法语是一种法语方言，这与巴黎地区的法语不一样。在诺曼底王朝时期，上层统治者讲法语，下层社会的人讲英语，宗教界使用的是拉丁语。在诺曼征服之后的几百年里，英国一直存在着这三种语言，英语被认为是粗俗、刺耳、难登大雅之堂的，这也使英语的生存面临着危机。尤其是在1066年诺曼征服之后的二百年里，英国的议会不使用英语；在三百多年的时间里，英国国王不会讲英语。

1337年至1453年间，英法两国为争夺土地发生了持续的战争，被称为“百年战争”。“百年战争”期间，生活在英国的法国人不得不放弃使用法语，而使用英国士兵们常说的英语，学校也逐渐使用英语授课。

14世纪欧洲爆发了严重的鼠疫，瘟疫的爆发使英国的人口减少了三分之一，许多神职人员因信仰坚持留在教堂，最终患病而死。在这场瘟疫中幸存下来的人多是平民和乡下人，他们大多没有接受过拉丁语教育，主要使用英语。神职人员的大量死亡使得拉丁语教师数量不足，因此大多数学校开始用英语取代拉丁语进行授课，这也使得英语的地位得到提高。在1362年的议会上，议长首次使用英语致开幕词。议会还通过了《诉讼法》（*Statute of Pleading*），其中规定诉讼应使用英文。这是上层统治者首次在官方场合使用英语。此后，城镇和商业行会的法规也都开始使用英文书写。1423年以后，议会的大部分提案都用英语书写。1489年，英语成为英国唯一的官方语言。

亨利五世时期，为了促进经济和文化的发展、交流以及政令传达的便捷，产生了“官方文书标准”，将以伦敦为中心、中南部方言为基础的语言作为书面语言的标准。“官方文书标准”的产生也为英语成为英国官方语言奠定了基础。

中世纪英语时期，英语在元音上发生了较大的变化。其前元音变得更加靠前，后元音则变得更加靠后；元音由低到高以此提升，单元音经过提升逐渐变为双元音，最高的前元音 [iː] 变为双元音 [ai]，最高的后元音 [uː] 变为双元音 [au]。长元音的变化也使得这一时期的英语听起来更响亮、更有力。中世纪英语时期英语元音的变化具体如表1–1所示。

表 1-1 元音的变化

| 例词 | 变化前读音 | 变化后读音 |
|---|---|---|
| time | [iː] | [ai] |
| fame | [aː] | [ei] |
| so | [ɔː] | [ou] |
| do | [oː] | [uː] |
| now | [uː] | [au] |

中世纪英语时期，英语、法语、拉丁语长期并存，这也使得英语吸收了大量法语和拉丁语词汇，英语的词汇量得到了极大的丰富，同一意思的单词往往存在多种拼写方法。不少法语词汇被引为英语，出现了许多原本英语词汇的同义词。

诺曼征服时期，法国成为英国的统治者，因此法语主要应用在统治者管辖的政府行政机关和司法机关，因此英语中关于政治、法律、司法等方面的词汇大多源自法语。在书写上，也主要以法语和拉丁语为主。1066 年至 1399 年间的 300 多年内，大约有 1 万个法语词汇被引为英语词汇，其中大部分沿用至今。而对拉丁语词汇的吸收，主要是在医学、自然科学、文学、宗教等方面，经过在拼写和发音上稍加修改，将其引入英语词汇。

与古英语时期相比，中世纪英语时期的英语在语音、拼写、语法、词汇等方面都发生了变化，法语中的浊辅音 [v][z][ð][ʒ] 被借用到英语中，还产生了双元音 [ɔi]，法国人还带来了字母“j”。中世纪晚期，英语形容词的后缀得到了广泛使用，-able、-ible、-al、-ive、-ous 等后缀就是从这一时期演变而来的。

中世纪初期，英语的拼写较为混乱，以现代英语中的“people”一词为例，在当时就有 pepylle、puple、pepul 等 21 种不同拼写。“she”更是有 60 多种拼写形式。到中世纪后期，英语的拼写混乱虽然得到了一定的改善，但改善并不彻底。古英语的屈折变化直到 14 世纪才基本消失。

在语法上，这一时期英语的名词和形容词语法性别逐渐消失；名词的语格只剩下了主格和宾格；所有名词都可以用“the”修饰；名词的复数形式开始用 -s 或 -es 表示；大量不规则动词被规则动词取代，大多数动词过去式以 -ed 结尾；时态种类变得丰富，表示将来时态、完成时态和进行时态和被动语态的助动词 be、have、shall、will 开始使用；主语 + 动词 + 宾语的句式成为基本句式，句子结构逐渐稳定，英语开始由综合性语言向分析性语言转变。

（三）早期现代英语时期

15世纪，威廉•卡克斯顿在伦敦创办了英国的第一家印刷厂，并首次印刷英语书籍。随着印刷品的流行，产生了对词汇拼写进行统一的需要，印刷品上使用的英语被认为是标准语言。卡克斯顿印刷英文书籍对于英语的发展起到了极大的作用，也为英语的文艺复兴奠定了基础。

16世纪初，文艺复兴运动兴起，带来了科学与艺术上的革命，欧洲从中世纪迈入近代。文艺复兴也使英语由中世纪英语时期发展进入早期现代英语时期。文艺复兴期间，英语主要对文化、艺术、科学、哲学等领域的古希腊语和拉丁语词汇进行了大量的借鉴和吸收，英语的词汇系统得到了极大的丰富。

近代时期，英国相继发生了宗教改革、工业革命、启蒙运动等事件，并开始进行海外殖民扩张，在政治、宗教、经济、科技、文化、教育等方面对英语的发展造成了深远的影响。在伊丽莎白一世执政期间，英国国力不断提升，成为欧洲强国，建立了北美殖民地，英语的发展也随之达到顶峰，走向世界。在这一时期，出现了大量的英文作家，如莎士比亚等。他们作品促进了英语的统一，丰富了英语的表达方式和内容，如副词转形容词、名词转动词以及产生了大量的组合词。

17世纪中叶，英国发生资产阶级革命和工业革命，英国的国力实现了迅猛的增长，并开始了对外扩张的步伐。英国与世界各地的交往越来越频繁，世界各地的语言都汇入英语，约有3万多外来词汇引入英语，英语的词汇量达到空前的程度。工业革命极大地推动了科学技术的创新，产生了大量的新发明。但是，却没有现成的名称对这些发明进行命名。因此，英语在借词方式上又实现了创新，使用“拼词”的方法（也就是将拉丁语和希腊语词素合二为一）创造新的词汇。以“television”一词为例，其中“tele”源自希腊语，意思为“远距离；“vision”源自拉丁语，意思为“看”，将二者组合形成“在远处看的”意思，以此对电视进行命名。

早期现代英语时期，英语在语法上也发生了不少变化，否定句由不使用助词变为助动词“do”与主要动词合在一起使用；-s和-es取代了-th表示第三人称单数；与“you”意思相同的“ye”以及低一级的“thou”“thee”都不再使用；指物的“he”和“his”被“its”取代。

（四）现代英语时期

与早期现代英语时期相比，这一时期英语发展的变化主要体现在词汇上。在大英帝国的鼎盛时期，世界约四分之一的领土都被其占据，因此，英语也吸收了来自世界各地的多种语言的词汇。工业革命带来了大量的科学发明与技术创新，不少新的词汇也应运而生。英语的词汇主要来自两个方面：一是从其他语言中借词；二是利用各种方式造词。在现代英语时期，英语在发展过程中还出现了变体，如美国英语、澳大利亚英语等。这一时期，世界各国之间的联系日益紧密，英国成为世界霸主，许多国家都将英语作为外交和贸易的主要语言。两次世界大战的爆发，也促进了英语国际地位的提升，使英语成为世界语言。

1775 年，约翰逊出版《英语词典》，这也是英语发展史上具有里程碑意义的事件，该词典收录了约 40000 个单词，成为英国文人最重要的参考书之一。1828 年，韦伯斯特编纂的《美国英语词典》（韦氏词典）出版，该词典的词条收录量远超以往，达到了 70000 个。韦氏词典的出版对于美国区域方言在拼写、读音、释义等方面的统一做出了巨大的贡献。

此后，英美两国编写出版了多部词典。英国于 1928 年出版了 10 卷的《牛津英语大词典》，该词典具有两大特点，一是对单词第一次出现的时间进行了标注，二是在单词和词源的解释上极为详尽。1989 年，《牛津英语大词典》第二版完成，共 20 卷，收录词条 615000 个，印证例句 250 万个。2000 年，《牛津英语大词典》网络版上线。美国的韦氏词典也在不断地进行修订。1890 年，词典改名为《韦氏国际英语词典》，通过名称的改变表示其通用于所有英语国家，1934 年韦氏词典第二版出版，1961 年韦氏词典第三版出版。

有人认为，约翰逊版的《英语词典》是规定性的，告诉人们什么是正确的，什么是错误的，认为词典应在某些方面制约语言的无限制发展；而“韦氏词典”是描述性的，它只是记录人们在过去对语言的用法。韦氏认为英国词典是以一种权威的高傲姿态存在于世人之上的，没有充分考虑下层社会普通民众的话语权。

19 世纪以来，随着经济、科学技术的发展和文化的不断繁荣，大批量的词汇进入英语，除了直接借用拉丁和希腊词汇外，还通过拉丁语或法语将希腊词汇改造后运用于英语中，出现了大量各个学科的专门用语，即术语。新思想、新概念、新发明以及新发现的动植物等的大量出现都需要新词汇来命名和描述，所以出现了新的构词形式。总结如下：

19 世纪以来人类社会在经济、科学、文化等方面不断发展繁荣，大量的词汇进入英语。除了对拉丁语和希腊语词汇进行直接借用外，还利用拉丁语或法语对希腊语词汇进行修改，再将其用于英语。科学技术的发展出现了大量各个学科的专业术语，产生了大量的新思想、新概念、新发明以及新的动植物发现，这些都需要新的单词对其进行命名和描述，因此也促进了新的构成方式的诞生，如派生法、合成法、转化法、截短法、混合法、首尾字母缩略法等，具体方法如下。

1. 派生法

派生法即在词根之前加上前缀或在词根之后加上后缀组成新词的方式，新词与原词意义相近或相反。

在词根前加前缀通常会使词的意义发生改变，但词性不变，前缀有表示否定意义的，如 dis- 等，在词根前加表示否定意义的前缀，通常会构成与词根意义相反的词，此外也有表示其他意义的前缀。

在词根后面加后缀通常不改变单词的词义而改变单词的词性，构成与词根意义相近、词性不同的新词。也有的后缀会改变词义，构成意义相反的新词。派生法构词的情况具体如表 1–2 所示。

表 1–2　派生法构词

| | | | |
|---|---|---|---|
| 前缀 | 否定意义 | dis-、il-、im-、in-、ir-、mis-、non-、un- 等 | agree 同意→ disagree 不同意 |
| | 其他意义 | a-、anti-、auto-、co-、en-、inter-、re-、sub-、tele- 等 | operate 操作 → cooperate 合作 |
| 后缀 | 构成名词 | -ence、-（e）r/-or、-ese、-ess、-ian、-ist、-ment、-ness、-tion 等 | write 写→ writer 作家 |
| | 构成动词 | -（e）n、-fy、-ize 等 | beauty 美好 → beautify 美化 |
| | 构成形容词 | -al、-able、-（a）n、-en、-ern、-ese、-ful、-（ic）al、-ish、-ive、-less、-like、-ly、-ous、-some、-y 等 | nature 自然→ natural 自然的 |
| | 构成副词 | -ly、-ward（s） | east 东方→ eastward 向东 |
| | 构成数词 | -teen、-ty、-th | four 四→ fourteen 十四 |

2. 合成法

英语构词法中把两个单词连在一起合成一个新词，前一个词修饰或限定后一个词，这样的方法就是合成法。

合成法可以合成名词、形容词、动词、副词、介词、代词等类型，具体如表 1–3 所示。

表 1-3 合成法构词

| 合成词类型 | 合成方法 | 范例 |
|---|---|---|
| 合成名词 | 名词 + 名词 | rainforest 热带雨林 |
| | 形容词 + 名词 | blackboard 黑板 |
| | 动词 + 名词 | playgoer 爱看戏的人 |
| | 动名词 + 名词 | reading-room 阅览室 |
| | 名词 + 动名词 | handwriting 书法 |
| 合成形容词 | 形容词 + 分词 | good-looking 好看的 |
| | 形容词 + 名词 | left-hand 左边的 |
| | 名词 + 形容词 | duty-free 免关税的 |
| 合成动词 | 名词 + 动词 | sleep-walk 梦游 |
| | 形容词 + 动词 | white-wash 粉刷 |
| | 副词 + 动词 | overwhelm 压倒，制服 |
| 合成副词 | 副词 + 副词 | however 尽管如此 |
| | 形容词 + 副词 | everywhere 到处 |
| 合成代词 | 代词宾格 +self | herself 她自己 |
| | 物主代词 +self | myself 我自己 |
| | 形容词 + 名词 | anything 一切 |
| 合成介词 | 副词 + 名词 | outside 在……外面 |
| | 介词 + 副词 | within 在……之内 |
| | 副词 + 介词 | into 进入 |

3. 转化法

转化法即在词性不变的情况下将一种词性转为另一种词性从而构成新词的方法。在英语中，许多单词都具有多种词性，因此在不同语境下，单词的词性就会发生相应的转化。具体来说，转化法包括动词转化为名词、名词转化为动词、形容词转化为动词、副词转化为动词、形容词转化为名词等类型。

4. 截短法

将单词缩写，词义和词性保持不变的英语构词法称为截短法，主要有截头、去尾、截头去尾等形式。如将“telephone”的头部“tele”截去，构成“phone”；将“examination”的尾部“ination”截去，构成“exam”；将“refrigerator”的头部“re”和尾部“rator”截去，构成“fridge”。

5. 混合法（混成法）

英语构词还可以将两个词混合或各取一部分紧缩而成一个新词，前半部分表属性，后半部分表主体。这样的英语构词法就是混合法。如将“photo”和“graphy”组合在一起构成“photography”，取“television”的缩写“tele”

和“broadcast”的缩写“cast”组合构成“telecast”。

6. 首尾字母缩略法

首尾字母缩略法即利用单词的首尾字母构成新词的方法，“TOEFL”的完整写法为“Testing of English as a Foreign Language”，将其各个单词的首字母 T、O、E、F、L 分别提出并组合在一起，即构成“TOEFL”一词。

## 三、我国英语教育的发展

目前，学术界的普遍观点是将京师同文馆的成立作为我国英语教学的正式开端。虽然在京师同文馆成立的几十年前，在我国的少数沿海城市已经有了英语教学，但其主要是由传教士零星进行的，且局限于广州、香港、澳门等地，并未形成正规、系统的英语教育，并使在此之前，实施英语教学的学校也极为稀少。因此，传教士开办的教会学校中的英语课程并不能作为我国正规英语教学的开端。从历史分期上来说，我国英语教学的发展可以分为早期、晚清时期、民国时期、新中国时期。

### （一）中国的早期英语教育

京师同文馆开办前，我国并没有正规的英语学校，英语教学只存在于传教士开办的教会学校中，这些教会学校主要集中在广州、厦门、福州、宁波、上海这五处通商口岸。鸦片战争前，清政府禁止洋人开展传教活动，并且禁止商人以外的洋人在广州长期停留。因此，虽然早在 19 世纪初，就有传教士到中国进行秘密传教，开办教会学校，但在鸦片战争前并没有得到发展。鸦片战争后，清政府战败，并与西方列强签订了一系列不平等条约，外国人被允许进行传教活动，并可以在通商口岸建造教堂，宗教的禁止被解除。此后，大量的西方传教士进入中国开展传教活动。

伴随着传教活动的进行，传教士建立并发展了教会学校。其教职员工大多为英美人，课程设置类似于当时的私塾和义学。各个教会学校英语课程的教学开展情况也不同，但总体上教学规模小，基本没有起到教学效果。

京师同文馆的建立被认为是我国正规英语教学的开端。两次鸦片战争的失败使中国得到了深刻的教训和警醒。许多有识之士认识到要实现中华的振兴，就必须学习西方先进的科学技术，而学习英语则是向西方学习的基础。他们向清政府上书，要求创办学校，培养英语人才。另外，西方人为了使自己的商业和传教活动能够进一步发展和扩大，也希望能够培养出一批懂英文的买办。最终促使清政府决定开办学校发展英语教育的事件是《天津条约》的签订，条约中规定：“自今以后，遇到有文辞辩论之处，总以英文作为正义……”这一规定使清政府意识到发展英语教育的紧迫性。虽然京师同文馆只是一所初级英语学校，但由于外交事务的需要，继英文馆后又增开了法文馆、俄文馆。学校教师均以重金从英美聘请，在建立之初，课程设置只有汉文和外文两门，并逐渐扩充了数学、地理、化学、天文等课程。

在经过了40年的发展后，1902年，京师同文馆被并入京师大学堂。在40年的办学过程中，虽然没有培养出多少著名的外交家和翻译家，但是其所培养出的学生作为我国第一批自己培养的英语人才，在英语教育和外交事务中发挥着重要的作用。京师同文馆的建立也促进了地方兴办新式学校，除了培养翻译人才的学校外，还建立起了一批培养科技和军事人才的学校，这些学校大多将英语作为重要的外语课，对于其他课程也采用英语授课。

这些新式学校的建立，极大地促进了我国英语教育在近代的发展，除了兴办学校开展英语教育外，派遣留学生也能体现近代我国英语教育的发展。19世纪70年代，部分有识之士向清政府提议向英国派遣留学生。这一提议也得到了曾国藩、李鸿章的赞许，他们两次向清政府上书。1871年清政府决定派遣天资优秀的幼童到美国留学，总共派遣了三批留学生。除了清政府之外，国内的新式学校也向外国派遣了留学生。这些留学生回国后，在洋务运动中被重用，对于中国各个行业的发展都做出了贡献。虽然当时通过各种方式使英语教育有了一定的发展，但是由于清政府自身的封闭和对外来文化的排斥，导致我国的英语教育规模较小，效果不强，而且长期处于被动落后的局面。

### （二）清朝末期的英语教育

19世纪末20世纪初，清政府的统治已经十分危急，国内局势日趋严峻。清政府在推广新学、加强学校教育方面也做出了一些努力。清朝末期，中学和高等中学的英语教育逐渐出现，教会学校也得到了一定的发展。这一时期，发生了两件教育史上的重大事件：一是1902年清政府颁布《奏定学堂章程》，二是1905年清政府停止科举考试。《奏定学堂章程》中规定中学课程为12门，其中外文（主要为英文）占到了课程比例的四分之一，这表明中国数千年的“经义经训”作为教学主体内容的时代结束，外语等西方学科成为法定的中学课程教育。章程实施后，除了各州府设立的学堂被改为中学堂外，还兴办了新的初、中级学堂。在新旧教育体制交替时期，新学堂的创办以及新科目的开设面临着多方面的困难，其中最主要的问题就是师资力量不足。教师的水平参差不齐，各个学校间英语教学的效果存在较大差异，英语教学的质量也得不到保障。

当时，中学堂所使用的教材主要是由传教士编写的或是从国外引进的。1904 年，我国著名教育家伍光建编写的《帝国英文读本》出版，这一教材还被清政府设立的学部列为最佳中学堂教科书。从总体上来看，中学堂的英文教材词汇量较大、内容较难，学生的学习难度较大。有的学者认为，可以将 1902 年作为我国近代高等英语教育的起始。这一观点的提出主要依据两个历史事实：一是 1902 年 10 月 14 日，京师大学堂正式举行速成科招生考试，英文属于其八大课程的一门；二是同年京师同文馆被并入京师大学堂并改为翻译科，不久京师大学堂增设译学馆，翻译科被并入其中。京师大学堂的译学馆学制为 5 年，学习和研究的主要内容为英、俄、法、德、日等外国语言和文字，以培养精通英语，从事外事、外文编撰工作的人才为培养目标。京师大学堂将英语列为速成科主要课程之一，可以看作是我国高等公共英语教学的开端，而译学馆的设立则可以看作我国高等学校英语专业教育的开端。

20 世纪初，国内学习英文之风日盛，大学生人数不断增加。这一时期，英语教师已不像早期那样全由外籍教习充当，而出现了以严复、蔡元培、伍光建、汪荣宝为代表的中国教师，他们培养出一批有专长的新一代知识分子。但清政府对学校并无统一规划，各个学校各自为政，英语教学情况差异很大。清朝末年，教会学校得到了迅速发展，逐步形成了从幼儿园、小学、中学到大学的完整的教育体系。教会学校在教学内容上除重视宗教教育外，最突出的特点是强调英语教学。课堂上，不仅外籍教师用英语授课，中国教师也要用英文授课。学校的一切布告、往来公函、会议发言一概用英文。英语已成为当时教会学校的基本教育语言。

虽然，教会学校对英语教育的发展，是西方殖民者推行奴化教育的重要手段，但是，其在客观上还是对我国的英语教育起到了一定的促进作用，培养了一批专家、学者，他们为我国的经济、文化、教育事业的发展做出了极大的贡献。

### （三）民国时期的英语教育

1912 年，辛亥革命推翻了清政府的统治，结束了封建君主制，建立了“中华民国”。新的政府开始对政治、经济、文化、教育等方面进行改革。在教育上，成立新的教育部取代清政府的学部，将学堂的称呼改为学校，并禁止使用旧有的教科书。民国时期，形成了新的教育体系和新的学制系统，英语教育体制也逐渐成形。1922 年 11 月，民国政府颁布“壬戌学制”。壬戌学制在参考美国学制的基础上，实行用六、三、三制，即小学六年、初中三年、高中三年，我国中学的初、高中划分也自此开始。“壬戌学制”曾规定以学分制代替学年制，其中英语的学分在初、高中阶段都居于首位，与国文并列甚至超过国文。

1931 年，抗日战争爆发，我国的教育事业遭到严重破坏。为了适应抗战需要，教育部将初中阶段的英语改为选修课程。1945 年，日本无条件投降，十四年的抗日战争终于结束。自“中华民国”成立到抗日战争胜利的这段时期，民国政府对学制和课程设置进行了多次调整和改变，但是各个学校并没有对其进行完全的执行，而是根据学校实际安排课程的设置。政局的变化、社会的动荡等一系列问题导致我国的基础教育十分落后，且发展缓慢，这一段时期内我国的教育事业并没有取得较大的发展。

这一时期，英语教育虽然没有取得较大的发展，但与之前相比，普及程度有所提高。在中学教育中，英语教学的地位仅次于国文，同时英语成为受重视程度最高的学科，其学时占到总学时的 15% ~ 20%，每周的英语课程为 4 ~ 6 节。这一时期英语教学的师资队伍也有了一定的发展，很多县立中学都有留学生担任英语教师，其中不少留学生都获得了学士学位。在英美学制的影响下，初中的英语教学重视听、说、读、写的全面发展，初中英语的代表性教材主要有《英语模范读本》（周越然编）、《开明初中英语读本》（林语堂编）、《初中英语读本》（林汉达编），这些教材都十分重视对学生口语能力的培养。

高中阶段的英语教学则以阅读能力的培养为重点，教材以欧美文学名著的节选为主要内容。此外，还出版了多部字典、词典，其中 1936 年出版的《英语四用辞典》最具代表性。教材、字典、词典的出版对英语的普及和教学水平的提高起到了积极的作用。因此，从总体上来说，这一时期的中学生是具备一定的英语水平的。“中华民国”成立后，将清政府学制中的高等学堂改为专门学校，并将其分为十类，外国语专门学校属于其中之一。外国语专门学校面向中学毕业生招生，学制为预科 1 年，本科 3 ~ 4 年，包括英、法、俄、德、日五种语言，但很少有五种语言齐全的外国语专门学校。

1913 年，民国政府教育部颁布《大学规程》，其中规定英文学专业的课程为 11 门，具体为英国文学、英国文学史、英国史、文学概念、中国文学史、希腊文学史、罗马文学史、近世欧洲文学史、言语学概论、哲学概论、美学概论。在民国时期，高等学校的英语教学在师资、教学、科研方面具有较高的水平，朱光潜、陈嘉、王佐良、许国璋、李赋宁著名教授学者，就是当时从事高等学校英语教育与科研工作的代表。

清末民初，我国的留学生以政府公派为主，1933 年，民国政府颁布国外留学规程，取消了过去对于自费留学的限制，放宽了自费留学的政策。这一规程的颁布，使得我国留学生的数量有了较快的增长，自费留学生成为留学生的主体。据资料统计，在1929—1938年的10年间，共有留学生7786人，公派留学生数量不足800人。抗日战争的爆发使我国的留学工作也受到严重的影响。民国期间的留学工作虽然取得了一定的发展，但是也存在许多方面的问题，如对学生留学的学科选择缺乏全面的计划，对归来留学生的安排存在重学位、轻能力的问题。在当时，有的留学生的高等学位是通过各种欺骗手段获得的，实际上自身并没有真才实学，但是却因学位上的优势而得到重用。此外，这一时期，政府对留学学位的重视，也使得国内学生在工作和生活上的待遇与留学生存在较大差距，这也使得不少人千方百计想要留学获取学位，最终导致留学生良莠不齐，影响留学生的质量。

从总体上来看，民国时期的教育发展较为缓慢，但是英语教育却得到了一定的发展，英语教育受到较大的重视，并占据主要地位，尤其表现在大学的英语教育中。英语教育的质量得到了一定的提高，总之这一时期的各种政策为我国的英语教育的发展发挥了一定的作用。

（四）新中国的英语教育

中华人民共和国成立后，教育得到了应有的重视，英语教育取得了迅速的发展，英语教学的规模得到了扩大、教学质量得到了提高、教学理论和方法的研究也取得了较快的进展。

新中国成立后，由于国家在政治、经济上的变化，形成了英语教育发展的不同时期，大致可以分为“俄语热”时期（1949—1957）、英语“复兴”时期（1958—1966）、英语繁荣昌盛时期（1977至今），不同时期下英语教育的发展情况各不相同。

1.“俄语热”时期

中华人民共和国成立初期，由于战争的破坏等多种原因，英语教育处于维持阶段。虽然在教材和教学方法上沿用之前的方式，但是英语教育的目的却发生了质的变化，英语教育应服务于无产阶级政治、服务于国家建设、服务于人民事业。1953年起，国家建设的第一个五年计划开始实施，在全国掀起了向苏联学习的热潮。出于国家建设的需要，俄语教育在外语教育中得到了极大的重视，学习俄语成为一股社会热潮。从高中到大学阶段，俄语几乎成了唯一的外语。

1955年，我国的英语教育发展取得了好转，人们纠正了之前对英语的错误认识。人们认识到排斥英语等其他外语是目光短浅的表现，只学习俄语不利于国家的科学发展，还应该学习国际通用的英语。因此，在中学的课堂中英语课得到了逐渐恢复。但是在教学方法上，仍然没有摆脱苏联“填鸭式”教学方法的深刻影响，在英语教学中只重语法教学，忽视了语言的实践。

这一时期，我国的专业英语教育也受到很大影响。中华人民共和国成立之初，全国共有 50 多所高校设立了英语科系，1952—1953 年，我国对高校进行了两次院系调整与合并，经过调整与合并之后，开展英语教学的高校只剩下了 9 家，英语教学进入了低潮。1956 年，在中共中央召开的知识分子问题讨论会上周恩来总理指出：“为了实现向科学进军的规划，我们必须为发展科学研究准备一切必要的条件……必须扩大外国语的教学，并且扩大外国重要书籍的翻译工作。”此后，我国高校的英语等其他语言专业得到了新的发展。1956 年底，我国设置英语专业的高校数量有所恢复，达到了 23 所。

大学英语是为非英语专业的大学生开设的英语课程，新中国成立初期大学英语先后使用了普通英语、公共英语的称呼。1986 年 11 月，中国公共英语教学研究会更名为大学英语研究会，此后确定了大学英语的称呼。同中学英语与专业英语一样，大学英语在新中国成立初期也受到了俄语的强烈冲击，俄语教育取代了英语教育，大学英语教育的发展处于低潮。

2. 英语“复兴”时期

在这一时期，我国的英语教育实现了较快的发展，取得了较大的变化。国际形势的发展变化和国家建设社会主义的需要，为我国的英语教育提出了新的要求，人们对英语教育的重视程度也逐渐提高。1958 年的教育改革对传统英语教育产生了很大的影响。在教学上，人们认识到了俄式教材和教学方法的不足，为了提高教学质量，对传统教材进行改进甚至淘汰传统的俄式教材，并开始探索新的教学方法，从课程设置、编写教材、教学设备等方面对英语教育实施改革。1960 年，一套全新的英语教材在上海出版，并设计了听、说领先的教学方法，这也是听、说技巧在我国英语教学中首次得到应有的重视。

1961 年，教育部颁发了《全日制中学英语教学方案（草案）》，对英语课本的编写进程进行了规定。方案最明显的特点就是主张将英语国家的风俗纳入课本，并丰富有关寓言、简短故事、神话及原版作品选段的内容。1962 年，英语正式成为高考科目之一，同年还出版了《全日制中学英语》课本。在英语教育的复兴时期，尽管一些政治运动也对英语教育造成一定影响，但中学的英语教学一直受到重视并呈现出蓬勃发展的局面。在专业英语教育上，俄语教学的规模逐渐缩小，英、德、法、日等外语的教学规模得到了扩大。

1964 年 10 月，教育部根据周总理的指示制订了《英语教育七年规划纲要》，提出："在学校教育中确定英语为第一英语，学习英语的人数要大量增加。"在纲要精神的指引下，全国的各个高校纷纷增设英语科系，并新建和扩建了10多所英语院校。到1966年3月，全国开设英语专业的高校达到了74所，高校英语教师队伍的人数也从1957年的1015人增加到1965年的4621人。

3. 繁荣昌盛时期

1977年以来，高考制度得以恢复，国家实施改革开放政策。在这一历史背景下，中学英语教育获得了极大的发展。1978年，英语重新成为升学的必考科目。英语教学的教材不断实现更新，教材的质量也得到提高，出版发行了第四套中学通用教材。该教材在中学的低年级阶段重视听、说能力的培养和训练，到高年级则以阅读能力的培养和训练为重点。此外，重视"语言运用能力"的培养也是这套教材一个突出的特点，实现了对传统的"重知识、轻能力"教育原则的突破。

进入20世纪80年代后，国内掀起了研究中学英语教育的热潮，对国外的新的教学方法进行学习和借鉴，在教学中应用先进的教学设备，并结合学生的实际情况和特点，对听、说、读、写、译各方面的教学进行了探索和创新，扭转了过去"重知识、轻能力"的局面，重视对学生交际能力的培养。为了领导和配合英语教育研究，全国各省市纷纷建立中小学英语教学研究会，并于1981年11月在北京成立了中国中小学教学研究会。

伴随着英语教育研究的热潮，各地还编辑了一系列英语报刊供中小学的师生阅读，如《中小学英语教学》《中小学英语教学与研究》《中学英语园地》《中小学英语》《中学生英语》《英语画刊》，其中创办于1986年的《上海学生英文报》，具有较大的影响力。这些报刊的创编也对我国英语教学水平的提高发挥了积极的作用。

1978年以来，随着十一届三中全会的召开和高考制度的改革，我国的英语教育发生了巨大的变化，并呈现出前所未有的新局面。高校英语专业的教学大纲日益完善，大量的教材和参考书不断出版，其中《功能交际英语》《功能英语教程》《英语》都是这一时期较有代表性的教材。除了编写新的教材外，许多高校还积极引进国外的流行教材，这使我国英语教育的教材门类日益齐全。英语教育的科研工作也不断深入，并取得了丰富的成果。我国的英语教育无论是在规模上还是在教学质量上都得到了极大的提高。

十一届三中全会以来，英语教育得到了恢复和发展，针对英语教育师资队伍面临的教师数量不足、教师人才青黄不接等问题，国家教育部门积极采取各种措施应对。经过长期不懈的努力，到80年代中后期，高校英语教师数量不足的问题基本得到解决。

随着国家教育部门对英语教育的重视以及各种措施的采取，英语教育的相关科研活动也得到一定的发展，以中国英语教育研究会、中国翻译工作者协会、高等英语院校教育研究协作组、中国比较文学学会等为代表的英语教育学术团体纷纷成立，这些团体的成立使英语研究的学术氛围得到极大的活跃。

此外，各个高校的英语院系还积极创办了各类外国语言文学刊物，如北京外国语大学的《英语教学与研究》、上海外国语大学的《外国语》等。十一届三中全会召开至今，我国的大学英语教育一直保持着快速、全面的发展。在英语教育不断发展的过程中，教学需要也在不断发展变化，为了满足教学的需要，国家教委以及各高校相继出版了一系列教材，如《大学英语》（文理科用）、《大学核心英语》（工科用）、《新英语教程》（工科用）、《现代英语》《新编大学英语教程》等。与以往的教材相比，这些新教材具有以下几方面的特点：①以大纲为编写依据；②朝系列化、多元化、配套化发展；③题材丰富、有趣，语言与文化关系密切。这些新教材所选取的内容涉及国外的人物、风情、文化、教育、科学等各个方面，选取的文章语言规范、新颖有趣、内涵丰富，能够鼓舞学生奋发向上的精神，激励学生进行思考和探索。全国的许多院校都采用了新编的教材，并英语教学中取得了良好的效果。

为了对学生的英语掌握水平进行检测，国家教委在 1985 年成立了“大学英语四、六级标准考试设计组”，并根据大纲要求筹备英语四、六级考试。试题包括听力理解、阅读理解、词语用法和语法结构、完形填空、写作 5 部分。近年来，在题型上又有了新的发展，更加注重对听、写、译等输出能力的考查，并逐渐实行机器阅卷。首先在 1986 进行了首次四级考试，随后在 1989 年进行了首次六级考试。四、六级考试在国内取得了良好的效果，并引起了国外同行的关注。目前，四、六级考试已成为全国规模最大的考试之一。四、六级考试的实施，为我国大学英语教育的发展提供了强大的推动力。四、六级考试也得到了极大的重视，许多高校都拨出专门的款项用于改善英语教学条件，增添英语教学设备和相关图书资料，使大学英语教学的发展获得充足的物质保障。许多高校还规定学生必须取得大学英语四级考试证书，才能获得学士学位，这使得学生学习英语的积极性被大大激发。完善的教育体系和测试体系在我国大学生的英语综合素质和水平的提高方面发挥了巨大的作用。

但是，大学英语四、六级考试也存在着一定的弊端。例如，考试过分强调语法和词汇，忽视了学生的实际能力。为了通过考试，学生在英语学习中将大量的时间用于单词和固定搭配的背诵，而忽略了实际应用语言能力的训练。因此我国大学生的英语在作文、口语表达等方面的能力不足。教育部门也意识到了四、六级考试中的弊端，也逐渐对考试进行改革，增加考察英语能力的题目，并试点实施英语口试。经过不断地改革，四、六级考试会变得更加科学和完善。

在长期的历史过程中，我国的英语教育虽然遭遇了一定的曲折，但仍然不断前进，取得了巨大的发展，尤其是在改革开放之后，我国的英语教育实现了迅猛的发展。但是与教育发达的国家相比，我国的英语教育还存在一定的差距。目前，我国从国家到地方、从大学到小学都在教育思想、教学观念、教材、教法、测试等方面进行了全方位的改革。在改革中，我国英语教育水平也得到了一定的提高，但是我国仍然没有形成独立的英语教育理论体系。因此，要实现我国英语教育的发展，必须从理论和实际两方面进行探索，对英语教育的相关方针政策进行进一步的完善。另外，我国的相关专家学者还应该积极吸取国外的最新科研成果，并结合中国国情，从不同的角度和领域创建新的理论学说，并将其应用到英语教育实践中，为形成完整的具有中国特色的英语教育理论体系做出贡献。

## 第二节　语用学的起源与发展

### 一、语用学的起源

语用学属于一门新兴学科，美国逻辑学家莫里斯（Morris）于 1937 年创造“pragmatics”一词，汉译为“语用学”。

莫里斯通过对符号理论进行研究，提出符号学应包括三个部分的内容，分别为符号关系学（即句法学）、语义学和语用学。莫里斯还分别对这三部分的内容进行了定义，他将符号关系学定义为“符号之间的形式关系”；将语义学定义为研究“符号与其所指对象的关系”；将语用学定义为研究“符号与其解释者的关系”。

后来，莫里斯在其著作《符号、语言和行为》一书中，依据行为主义符号理论对这三个术语进行了调整和修正，他指出语用学属于符号学的一部分，它主要研究符号的来源、用法及其在行为中出现时所产生的作用。

如果自莫里斯在 1937 年提出“pragmatics”一词算起，语用学只有 81 年的历史。若自牛津哲学家奥斯汀（Austin）1955 年正式提出第一个语用学理论——言语行为理论算起，则语用学只有 63 年的历史。

20 世纪 80 年代起，语用学作为语言学的分支之一得到了普遍的认同。近年来，语用学在理论上也不断发展，出现了关联理论、新格赖斯（Grice）合作原则等新理论。

可以说，语用学是一门既古老又年轻的学问。说其古老，是因为语用学研究设计的内容早在古希腊、罗马时期就已经引起学者的注意，并在雄辩学著作中对语用学研究涉及的文图进行了论事。说其年轻，是因为语言学作为一门新兴的独立学科被确认是在 1977 年。《语用学杂志》在荷兰的正式出版发行，标志着对语言学学科的确认。

我国很早就涉猎了语用学研究并处于领先地位。一方面我国早就产生了语用学的专门术语意会“言外之意”。语用学研究的现象可以称为“意会大于言传”，汉语的“意会”专指不能用语言表达的意义。因此可以说，语用学是研究言外之意的学科，而言外之意一词属于汉语独有的专门术语。另一方面，我国古代的修辞学研究也十分发达。早在 1500 年前，就出版了我国第一部系统的修辞学著作《文心雕龙》，而语用学与修辞学有着密切的关系。“pragmatics”一词的创造者莫里斯曾明确将其等同于修辞。

修辞学能够与语用学相通，主要是因为二者都涉及合适或得体问题。修辞的作用在于通过修饰词语，让话语变得好听，使人容易接受，这也是修辞中言外之意非常普遍的原因。

## 二、语用学的发展概况

### （一）语言学的发展趋势

纵观语言学的发展历史，可以看出各语言学派的目的都是对语言本身，也就是对语言的形式及其演变进行研究。由于语言观与语言学方法论不同，各语言学派的侧重点也不同，但是可以清晰地看出语言学派的发展趋势。

起初，语言学家们只对人类已有的话语资料进行研究，关注音位、词、句子等语言实体，并对各自所具有的特点加以描述，同时进行分类，然后对其中的关系进行阐释。实际上，这只对静止语言的结构进行了阐释。这一静态的语音研究方法对认识该语言系统十分有利，但还不足以全面地认识人类语言的本质特性。

凡是有规律的系统，都会与其他系统发生一定的联系，并不是封闭的、一成不变的。因此，该语言系统应是开放的、动态的。语言是一种社会现象，处于社会大系统中的语言系统必然受其他社会因素的影响，且与其他社会因素具有各种各样的联系。从这一意义来讲，在对语言与社会的关系进行研究的过程中，将语言系统与社会大系统联系在一起，会对探寻语言的本质特征与语言系统的内在规律具有积极的促进作用。社会语言学主要对人类语言与社会关系进行研究，该学科打破了语言静态研究的局限性，为现代语言学的发展提供了新的研究视角。

过去，语言学家们通常将研究对象化整为零、分门别类，对单一的语言结构进行分析，这样的研究方法不适合当今语言学的发展。当今的语言学开始由单一性的研究逐渐转为综合性的研究。语言与很多因素，如社会、历史、文化等有紧密的关系，如果仅仅局限于单一的语言学学科，较完整地对语言的本质特征进行阐释就会比较困难，这样的研究比较片面，也给研究者们的研究带来困境。

各个学科之间相互影响、相互渗透，逐渐会形成一个“中间地带”，从而给研究者们提供一个新的视角，因此诸如心理语言学、计算机语言学等很多交叉学科相继产生。综合运用多种学科的方法、原理和范式，推动语言学研究从单一性向综合性的转变，对语言的本质特征与规律进行全方位的揭示，促进语言学的进一步发展。

此外，当前随着信息技术的快速发展，语言与技术相结合的领域引起了众多语言学专家们的关注，由此使得语料库语言学成为当前以及未来语言学发展的趋势之一。尤其是近年来，许多语料库语言学家都讨论或研究过语料库语言学的发展前景。例如，有的学者认为，随着计算机运行速度的加快、体积的缩小、价格的下降，语料库的规模、利用率都会有进一步的提升。学者麦克内利（McNelly）认为，语料库语言学是以现实生活中人们运用语言的实例为基础进行的语言研究。语料库语言学的发展取决于计算机的发展、国际的关注度、语料库的规模和类型。

### （二）我国的语用学发展

#### 1. 我国语用学的早期发展

我国的语用学家在20世纪下半叶开始注意到语言中的语用现象，我国语用学的研究由此展开。20世纪七八十年代，语用学作为语言学独立分支的地位在我国得到确立。自20世纪80年代开始，我国的语用学研究发展十分迅速，并取得了丰富的研究成果。

1979年，许国璋摘译了英国牛津学派分析哲学家奥斯汀的讲演稿《论言有所为》（*How to Do Things with Words？*）一书中的三讲，并将其发表在《语言学译丛》第一辑上，这也标志着语用学研究进入中国。次年，胡壮麟发表了国内第一篇有段语用学研究的论文。自此算起，我国的语用学研究才经历了39年。但是在这段时间内，我国的语用学研究实现了对国外理论的引进、修正、补充，并开展汉语的语用学理论与应用研究，实现了语言学研究的新发展。20世纪80年代，引入我国的语言学理论主要涉及预设、言语行为理论、会话含义与合作原则、礼貌原则以及会话结构的语用分析等论题。90年代引入了关联理论、新格赖斯会话含义理论、语言综观论和顺应论等新理论。我国评介国外语言学理论的论文涉及全面、时代性强，为语用学在我国的发展提供了重要的理论参考价值。20世纪末到21世纪初，我国的语言学研究学者们发表了一批高质量的综述和研究论文，为语用学的发展起到了有益的借鉴。

我国在国外语用学著作的翻译和评介上也取得了重要的成绩。尤其是20世纪八九十年代以来，一批学者对国外的语言学著作进行翻译或者发表专题文章，对于国内的语用学研究者提供了宝贵资料。近年来，以外语教学与研究出版社和上海外语教育出版社为代表的出版社开展了语言学学术图书文库的出版工作，许多语用学著作都被包含在内，尤其是原版外文著作的出版，增强了国外语用学理论引进的效率，为国内读者及时、全面地了解语用学提供了便利。

西方的语用学理论是以英语为材料建立和发展的，因此其在有的方面并不能对汉语现象做出很好的解释。20世纪80年代中期开始，有学者对西方语用学理论进行了修正和补充，并在此基础上进一步阐释自己的理论，这也是我国语用学发展的一个重要特点。这一时期，我国学者取得了不少的成果，如钱冠连对格赖斯的合作原则进行了补充和修正；顾曰国集合汉语对礼貌原则和面子概念进行了修正，对言语行为理论进行了补充；沈家煊对句子话题和评述的划分，对语用学与语义学的界限提出的新观点；徐盛桓对古典格赖斯主义和新格赖斯会话含义理论的语用推导机制所做的修正和补充，以及在此基础上进一步提出的会话含义理论框架。此外，对于语用含义、语用推理、语用学方法论、认知语境等问题，我国也有学者提出了独特的理论或方法。

这些学者的研究使我国的语用学研究理论得到了极大的丰富，为汉语语用学的研究奠定了理论基础。但是我国的语用学理论研究大多是对国外理论的修正和补充，原创性成果较少，这也是我国语用学理论研究的不足之处。

2. 我国语用学的现代发展

自21世纪以来，我国的语用学研究主要取得了以下几方面的成果：

（1）在微观语用学的研究上，主要围绕狭义的传统话题，包括言语行为、会话含义、关联理论、会话分析等。这些方面内容成为研究关注的重点，并实现了深入发展。

（2）语境理论作为语用学研究的重要内容一直是我国语用学研究的热点，语境理论的研究不断深化，并且实现了与其他理论或语言应用的结合，其中语境理论与教学、翻译、隐喻等方面的结合成为研究的重点。在核心期刊上，关于语境研究的论文一直保持着较高的数量。

（3）我国语用学的理论研究实现了多维度的发展，认知科学与语言科学集合形成了新的边缘学科——认知语言学，这也成为语言学研究的新趋势。目前，国内外关于认知语言学的研究都十分活跃，主要的研究内容包括关联理论、自然语言理解中的默认推理等。此外，我国学者还创立了实验语言学，为语用学研究提供了新的趋向，实现了对国外语言学研究的引领。

（4）语言学的交叉研究也取得了一定的成果。语篇学和语用学都是近年来语言学研究的重点，同时二者在理论和研究内容上的关系较为密切，如二者都将关联理论、语境理论作为主要的研究内容。有的学者指出，在语言顺应理论和元语用意识理论的基础上，可以通过对语篇连贯与语言使用者的元语用意识之间的关系进行研究，利用元语用理论对表面不衔接但意义上连贯的语篇进行分析，从而证明语用学与语篇分析之间的互补关系。

语用学与翻译的结合研究也日益得到学术界的重视，国内外学者研究的主要内容包括指示语、关联理论、顺应论与翻译的关系以及跨文化语用翻译与语用翻译策略等。我国学者还创造性地将语用理论应用到翻译领域，提出了语用翻译这一跨学科的新的翻译理念。

（5）语用学理论的研究重点在于对一般语言规律的研究，我国在语用学多的理论研究方面稍显不足，大多数都是对西方语用理论的评介、修正、补充。近年来，我国学者较为重视对语用学发展原动力的研究，从根源上对语用学的发展进行研究。

3. 我国语用学研究的发展趋势和不足

当前，我国的语用学研究呈现出以下三方面的趋势：

（1）语用学研究与其他学科研究的结合。我国语用学研究的学科交叉性表现得越来越明显，对于语用学研究的探索也呈现多样化趋势。

（2）实现了语用学的多维度研究，包括认知、语言哲学等角度，并且实现了对语言学的多角度综合研究。

（3）从理论研究到实证研究再到应用研究。目前，在研究方法上，我国的语言学研究逐渐从理论研究转向实证研究。学者在研究的过程中表现出对语言事实的充分尊重，将研究重点放在语料上。目前，我国语言学的应用研究主要有两个方面：一是结合国外语言学理论对汉语中的语言现象进行研究，二是对语用学在外语教学中的应用进行研究。

从目前来看，我国的语言学研究的主要问题表现在两方面：一是对语用研究的认识论和方法论问题研究不足，偏重引进借鉴国外的研究成果，利用国外研究理论进行语用学研究。二是研究领域偏窄，主要在言语行为、会话含义等微观问题的研究上，对于语用学的宏观研究不足。

对于我国语言学今后的发展来说，应不断拓展研究领域，在注重微观问题研究的同时，在宏观上对语用学进行深入的研究。要实现我国语用学研究的发展，应做到以下四点：一是继续加强对国外先进理论和研究成果的引入；二是促进外语研究与汉语研究的结合；三是加快发展我国独立的语言学研究流派；四是扩宽语言学研究领域，如人工智能、计算机语言处理等领域，同时加强对语用学形式化手段的研究。

## 第三节 语用学与英语教学

语用学和语言教学都属于语言学的分支学科，二者之间应存在着密切的关系。语言能力强的人，其语用能力可能不强。语言交际是一个有机系统，它以言语动机为基础，结合语境及其所蕴含的文化，利用语言对话语进行构建，输出并理解话语。任何一种语言都具有任意性和强制性统一的特点，因此语用规则往往是约定俗成的，不同的民族的语用规则存在差异。因此在语用教学的实践中，经常会发现，学生能够构造出符合语法规范的句子，却很难根据语境的变化对语言选择合适的变体并构建出合适的话语。由此可见，运用语言进行交际的能力是需要单独培养的。关于语用学的研究范围有两种界定：一种观点认为语言学是对语言各个层面的功能性综观，所有的规则里都有语用成分；另一种观点认为语言学与句法学、语义学一样都属于语言学的分支，语用学有自己的研究单位，如指示语、前提、言语行为、会话含义、会话结构等。无论以何种观点看待语用学，其都是一种对话语在情境中获得意义的研究，即研究如何在语境中理解和运用语言。

在语言教学的过程中，应始终坚持语言教学与语境的结合，坚持语言学习与语用学的结合。无论何种语言教学方法，其都在不同程度上蕴含着语用学的基本原理。

### 一、语境视角下的英语教学

语言的使用离不开特定的交际环境，因此要分析语言现象，必须将其与所依赖的语境联系起来，离开语境对语言进行孤立分析，是难以判断该语言片段的结构和意义的。一方面，话语或语言事件必定发生在一定的语境之中，话语伴随语境而生，脱离语境的话语是不存在实际意义的。另一方面，语境在话语意义生成与理解的动态过程中作为一个变量而具有干涉功能。

英语的语法教学应是一种动态的语境教学，在教学过程中，教师应重视对学生语境识别的意识和能力的培养，使学生能够逐渐建立起句法结构与相关语境间的联系，具备将基础语句转化为交际语句的能力。对于英语教材的编写，也应该在教学内容、练习设计等方面对教师进行体现，使教师在教学中充分发挥语境的作用，实现培养学生语用能力的目的。

在语言教学中，只有借助一定的语境和上下文，才能实现句子在结构、意义、交际功能等方面的结合。在语言教学的实践过程中，要使学生能够使用话语进行得体的交际，就必须注意话题和焦点的变化，注意语境和交际需要的不同。

所谓语用能力指的是“听话人对语境的认识能力和在对语境的认识能力的基础上理解别人的意思和意图、能够准确表达自己的意思和意图的能力”。它产生于话语交际三因子——说话者、听话者与语境的交互作用。言语交际中话语的“得体性”是语用能力的轴心。或者干脆说，语用能力体现为具体情境中语言运用的得体性。沃尔夫森（Wolfson）说：“社会语言学家公认的一条道理是，语言之间的差异不仅反映在语音、语法和词汇等方面，还表现在这些语言材料的运用上，不同言语社群之间的交际方式往往互相差别极大。”海姆斯（Hymes）则进一步提出了“交际干扰”的概念。所谓交际干扰，就是人们在跨文化交际中照搬母语文化的交际规则，结果造成各种各样的误解。然而很多时候，我们的语言教学基本上是学院化教学，语言与语境（包括文化）往往是游离的。我们长期把注意的焦点集中在语言方面，把传授语言要素、语言的规律、语言的知识及使用规则置于汉语教学的中心地位，而常常疏忽了语言中伴随的语境（包括文化）知识，没有把言语能力的培养作为教学目标，没有把言语和言语活动作为教学主要内容。这是语言教学的效率始终不尽如人意的一个重要原因。

因此，我们在语言教学过程中要注意培养学生的语境意识、跨文化交际意识和目的语国家的文化意识。事实上，语言知识对于语言习得的作用是间接的，学生听说读写能力的形成，主要不是靠语言知识的积累，而是靠语言运用的实践。在课堂内外听说读写的实践中，学生通过感受—领悟—积累—运用，从而在不同语境下主动习得语言。可以说，第二语言不是“教会”的。要提高语言的表达能力和交际水平，就得把句型与上下文、言语情境、文化背景联系起来，进而充分展示句子在具体语境中的运用特点。

## 二、会话含义视角下的英语教学

从语用上看，人类交际是要完成一定的行为，即所谓言有所为，如问候、陈述、解释、请求、命令、感谢、道歉等。然而，很多时候，交际双方并不直接表达，这些言语行为隐含在表面的字句之下，我们结合语境才能把它们揭示出来。同一句法结构未必具有相同的语用含义或言外之力（illocutionary force），推求语用含义是根据语境研究话语的真正含义，解释话语的言下之意、弦外之音。

一般所说的含义理论主要指美国哲学家格赖斯的会话含义学说（conversational implicature）和法国学者斯珀伯（Sperber）和英国学者威尔逊（Wilson）创立的关联理论中的含义（implicature）理论，这两家理论中的"implicature"概念不完全一样，但基本点是相同的，都指语句的非字面意义，即隐含意义。同时英国语言哲学家奥斯汀的言语行为理论和美国语言哲学家瑟尔（Searle）的间接言语行为理论也揭示了语句的某些非字面、非明说意义，已经汇入并丰富了语用学中的含义理论。其中，格赖斯的会话含义学说是建立在"合作原则"基础上的。所谓的合作原则，就是在参与交谈时，要使你所说的话符合你所参与的交谈的公认目的或方向。按照会话含义理论，如果在言语交际中说话人一方的话语在表面上违反了合作原则，那么，听话人就要根据当时的语境，推断出这一话语的隐含意义；同时，说话人也要掌握会话含义理论在言语交际中的运用，从而使自己的话语具有更强的表现力和说服力。

语言含义不仅使听者注意说者表达的内容，更是对于听者话语的内在含义的提醒。例如，中国人在见面时，经常以"吃了吗？"作为寒暄，这句话并不是问对方吃了吗，更多的是表达一种友好和问候。它只是一个代表以上情感信息的语码，字面本身并无多少意思，其言外之力以及由此产生的作用和价值来源于特定的言语集团。正是在这个意义上，韩礼德（Halliday）等系统功能语言学家把语言看作一种社会符号（social semiotic）。

对会话含义的预测和理解增加了语言交际的复杂性，一旦误解了对方的会话含义，就会导致会话过程的不顺畅，甚至导致会话的中断。因此对于英语教学来说，还需要培养学生结合语境辨识和运用会话含义的意识和能力。句子的生成都是由深层到表层的，即由语法到句法。但是要达到交际的目的，还要受到语用因素的制约。因此，英语的教学不仅要使学生能够说出在语义和句法上都合理的句子，还要求学生注意句子的得体，使学生明白句子是谁说的、对谁说的、在何时说的、包含怎样的会话含义、怎样保证语用的得体使之符合交际规范，只有这样才能最终达到交际目的。要实现语言知识向语言能力的转化，机械训练是一种有效的手段，以机械训练为基础进行交际性训练，能够有效培养学生的语言交际能力。就像学习游泳需要在水里进行一样，学生只有通过交际才能掌握言语交际能力，通过实践掌握听、说、读、写能力。根据建构主义理论，人类对于知识的获取是由认知主体主动建构，而不是被动接受的。

# 第二章　语言学与英语教学

语言学是在长期的对语言的研究之上形成的一门学科，语言的结构、使用、发生、历史等都是语言学研究的内容。经过长期的发展，语言学已经较为成熟，并形成了多种分支学科，人们对语言的研究可以说越来越深入。语用学是研究语言运用的学科，语境、指示语、言语行为等是其研究的主要内容。语用学与英语教学有着紧密的关系，我国传统的英语教学注重语法知识的灌注，弊端较为明显，结合语言理论能够为我国英语教学的改革发展提供理论指导。

## 第一节　语言学及其分支学科

### 一、语言学概述

#### （一）语言学的定义

语言学是一门以人类语言为研究对象的学科。它对语言的内部结构、社会功能以及语言的使用、语言的发生、语言的发展历史等方面的内容进行研究，并通过这些方面的研究揭示语言的本质及语言存在和发展的规律。语言学的内容丰富，知识浩繁，从当代的角度来看，语言学这一学科的发展已十分成熟，在社会科学领域中属于领先学科。

语言学的科学研究可以分为两部分：语言内部研究和语言外部研究。其中，内部研究是指对语言不同层次的研究，如语言音位、音系、句法、语义、语用、语言形态等。外部研究体现了语言学与其他学科之间的密切联系，如哲学、逻辑学、生理学、心理学、生物学、数学、社会学、民族学、神经心理学、人类学、文化学、历史学、符号学等。

语言学的发展不仅受到上述相关学科的理论和方法的影响，也对这些学科的发展产生了重要的影响，美国语言学家格林柏格（J.H. Greenberg）在1970年发表的《语言学是一门领先的科学》（*Linguistics as a Pilot Science*）

一文中指出，语言学在各个时期都为其他科学的典范，尤其是在社会科学领域。

（二）语言学的分支学科

语言学的研究可以从不同的方面、以不同的目的、就不同的范围展开，因此，语言学的学科门类数量丰富，如具体语言学和普通语言学（理论语言学）、历时语言学和共时语言学、历史比较语言学和对比语言学等。微观角度下语言学的研究即对语言系统本身各方面的研究，可以分为语音学和音位学（以语音系统为研究内容）、语言学和句法学（以组词成句为研究内容）、语义学（以结构意义单位为研究内容）等分支学科。宏观角度下语言学的研究及结合语言系统以外的因素对语言进行的研究，可以分为语用学和篇章语言学（以语言和语境的结合为研究内容）、社会语言学（以语言和社会的结合为研究内容）、心理语言学（以语言和心理的结合为研究内容）以及以语言教学为研究内容的应用语言学下的神经语言学、数学语言学、计算语言学等边缘学科。

## 二、语言学中的研究内容

（一）语境研究

语境（context）是语用学研究中的重要概念，其主要可以从广义和狭义两个层面进行分析。从广义上说，语境指的是与语言运用相关的一切因素，包含两大层面：语言语境与语言外语境。从狭义上说，语境指的是话语运用的上下文。在研究过程中，语用学对语言的使用环境是极其重视的，因此可以说语用学主要侧重在特定的语境下不同话语的使用意义。总之，语境在语用学研究中的地位非凡。

1. 语境的定义

语境是语用学理论中的重要概念，许多学者都对语境提出过自己的看法。

马林诺夫斯基（B. Malinowski）认为，语言是行为的一种方式，而环境是对语言进行理解的重要因素。

弗斯（John Rupert Firth）认为，语境因素包括语言与社会环境、上下文之间、语言使用者的特征、言语活动自身的特征等多个层面。

陈望道先生在《修辞学发凡》一书中分析和说明了修辞与情境之间的关系，并指出情境包含五个要素，即 5W。

王德春认为，语境即是言语环境，也就是地点、时间、对象、场合等客观因素和话语使用者的思想、身份、职业、性格等语言使用的环境。从上述定义不难发现，语境具有很广的范畴，其范围是非常难界定的。

概括来说，语境的内涵可从语言知识与语言外知识等两个方面来理解。

（1）语言知识

语言知识又称“语言语境”，是指语句或话题的上下文。具体来说，一个句子的上一句与下一句、上几句与下几句以及一段话的上一段与下一段、上几段与下几段都属于语言语境。可见，语言语境是对语境最狭义的理解。此外，语言语境还与语句或段落中的语音、词汇、语法、词组、句子、段落等紧密相关。

例 1：

“春眠不觉晓，处处闻啼鸟”，啊，这样的诗句真美。

本例中，先出现的“春眠不觉晓，处处闻啼鸟”是后文“这样的诗句”的具体内容。

例 2：

我还是那句话，我们俱乐部欠谁的，账上有记录的，我们绝对不会赖账，账面上没记录的我们不理会。

本例中，发话人对“我还是那句话”中“那句话”的具体含义在下文中进行了解释，即“我们俱乐部欠谁的，账上有记录的，我们绝对不会赖账，账面上没记录的我们不理会。”

综上所述，上下文之间的直接表现与所指关系构成一种相互依存的语言语境关系。

（2）语言外知识

语言外知识又称“非语言环境”，是指语言以外的因素。具体来说，非语言环境包括背景知识、情景知识以及交际双方的相互了解等三个方面。

①背景知识

所谓背景知识就是人们对客观世界的基本认识。换句话说，背景知识就是常识。因此，背景知识不需要解释或不需要过多解释。

例 3：

A：How’s she？

B：An ambulance must be sent for at once.

例 4：

A：How’s she？

B：She will be hospitalized.

例 5：

A：How’s she？

B：A couple of pills will cure her.

人们都知道，如果得了重病或者病情危急，就需要叫救护车把病人以最快的速度送往医院；如果病情较为严重，则需要住院；如果只是一般的小毛病，则自己在家吃些药就可以痊愈。上述三例对话都是合理的，因为上述三例都符合人们的常识。正因为如此，上述三例中的 B 从表面上看没有直接回答 A 的问题，但是由于双方都具有关于病情的基本常识，听到 B 的回答 A 就完全明白了。

值得一提的是，背景知识还包括对文化背景知识的了解，如对交际双方所处的行为规则、社会文化规范、表达方式等的了解。例如：

例 6：

A：You speak beautiful English.

B：No，no. My English is very poor.

例 7：

A：You speak beautiful English.

B：Thank you. I had a very good teacher in the university.

中西方在面对赞扬时的反应有很大差别。按照中国传统文化的观点，谦虚是一种美德，因此中国人受到赞扬时不管内心是否认同，都要在语言上进行否定，以表示自己的谦虚。而英美人受到他人赞扬时往往直接接受，同时向对方表示感谢。因此，在与英语国家的人进行交际的过程中，第一个例子的回答往往会令对方不知所措，而第二个例子的回答由于符合英语国家的社交习惯而易于被对方接受。类似第一个例子中由于对对方文化背景不了解所导致的交际障碍是十分常见的。

②情景知识

情景知识是指与特定的交际情景有关的知识。具体来说，某一交际行为的主题，交际发生的时间、地点，交际场合的正式程度，交际主体的身份、地位以及交际主体之间的关系等都属于情景知识。

例 8：

Sam：OK. Excellent，come on. It’s fine. Ah. Man. Can you get this？

Molly：Where are you guys from？ The New York City Ballet？（She reaches out of the window to get the statue）Almost…Ah，ah!（She screams. Sam reaches out and catches her.）

本例选自美国电影《人鬼情未了》（*Ghost*）。其中，Sam 只提到了“this”

却并没有指出“this”具体指什么，此时要确定“this”的内涵就必须依赖交际双方所在的交际情景，即现场。

③相互知识

相互知识就是交际双方所共有的知识。相互知识的认定需要同时具备两个条件：从客观上讲，交际双方都具备这种知识；从主观上讲，交际双方都知道对方是具备这种知识的。相互知识是交际双方进行语用推理的基础，是语用意义上的语境与其他意义上的语境的一个重要区别。因此，作为一种语境构成因素，相互知识在语用研究中具有十分重要的意义。

例 9：

He’s a fine friend.

本例应具备三个条件：发话人知道“he”对自己做了什么样的事情；听话人知道“he”对发话人做了什么样的事情；发话人与听话人都知道对方知道“he”对发话人所做的事情。

只有上述三个条件同时具备，发话人才可能以例句中的方式对听话人说话，并且相信听话人能从这句话的字面意义上推导如他期望听话人得出的“He’s a bad friend.”这样的结论。如果没有相互知识的存在，发话人就不会采取例句中的说话方式，或者采取这种方式后也难以达到发话人预期的交际效果。

2. 语境的功能

在弗雷格（Frege）看来，只有在语境中才能找到词的具体意义。维根斯坦（Wittgenstein）也赞同这种观点，认为名称只有在命题中才有意义。语境论的观点对语境的功能有着总体概述，主要包括以下三点。

①语言的具体意义需要在语境中进行。

②语义是由语境决定的，且语义具有抽象性。

③人们可以从显而易见的语境中对语义进行归纳和推理。

总之，对于同一句话，在不同的语境中呈现了不同的含义，因此语境对话语意义有着重要作用，影响人们对其理解和把握。下面分别从说话人与受话人的角度对语境的功能进行总结。

（1）从说话人的角度

从说话人的角度进行考量，语境主要有着确定说话大体内容和交际渠道的作用。人类的交际主要有口语交际和书面语交际两种形式。在实际交际过程中，对交际形式的确定取决于交际环境的需要。针对不同的交际场合，交际双方的表现也不尽相同。例如，交际双方的物理距离越大，讲话的声音就越高。交际双方的亲疏情况对讲话的礼貌程度有决定性影响，一般而言，交际双方越亲近，双方在交际过程中说话就会越直接，说话时就越不需要过多地考虑礼貌策略。交际双方讲话的详细程度取决于双方的熟悉程度。一般而言，双方相互了解得越多，说话一般就越简洁。话语的语体色彩取决于交际场合的正式程度。一般而言，交际场合越正式，双方讲话就越正式。

（2）从受话人的角度

从受话人的角度看，语境的功能主要包括以下三个方面。

①确定指称对象。

②消除歧义。

③充实语义。

通过上述对语境的分析，可以知道其在语言沟通中的重要作用。在翻译过程中，也尤其需要注意语境的影响。

### （二）指示语研究

指示语（deixis）是语用学中的重要概念，其在言语活动中发挥着重要的影响作用。它能够说明语言和语境之间的密切关系，并随着语境的变化而发生一定的改变。

#### 1. 指示语的定义

指示语的英文名是“deixis”，意思是利用语言进行“标识”（indicating）或“指点”（pointing）。对指示语的研究能够帮助交际双方确定交际的信息以及交际所指的对象。

要想理解语言和研究语言，就必须从一定的语境出发，而指示语能够通过语言结构对语言与语境之间的关系进行反映，尤其是语言使用与理解往往需要语境的参与。因此，从狭义层面上来说，语用学就是对指示语进行研究。

指示语和人们的生活有着密切的关系。语言哲学家巴尔 - 希勒尔（Bar-Hillel）曾指出，指示及指示性是自然语言中不可避免的一种现象，是自然语言固有的特征。在日常交际中，人们有 90% 以上的话语都会涉及人物、时间、地点等知识信息。只有对这些指示信息有一个明确的了解，人们才能更加完整、准确地理解话语意义。

例 10：

I’ll put this here.

上述例句中有“I”“this”“here”三个指示语，要想真正明白这句话的含义，首先就需要弄清楚这三个指示语所指代的对象。

由此可见，现实的语言交际中，如果语言的指示信息不够明确，那么就会导致交际的失败。

2. 指示语的分类

一般来说，我们可以将指示语分为五类：人称指示语（person deixis）、时间指示语（time deixis）、地点指示语（place deixis）、语篇 / 话语指示语（discourse/text deixis）、社交指示语（social deixis）。

（1）人称指示语

发话人、受话人和第三交际因素在交际或参与言语事件时使用的指示语，被称为“人称指示语”。例如，英语中“I”“me”“you”“he”“we”“they”等，汉语中的“你 / 您”“我 / 我们”“咱 / 咱们”“他们 / 她们”“有人”等。

在交际中，交际双方运用人称指示语能够体现出发话人的内在关系。一般情况下，人称指示语可以分为几个类别：包括发话人在内的第一人称指示语；包括受话人在内的第二人称指示语；既不包括发话人也不包括受话人的第三人称指示语。人称指示语通常以发话人为指示中心，受话人在理解时要站在发话人的角度理解人称指示语，这样才能正确理解话语。

（2）时间指示语

所谓时间指示语，指的是在交际过程中，话语中涉及的与言语事件相关的时间信息。在英语中的时间指示语有“now”“tomorrow”“next year”“that time”等，汉语中的时间指示语有“此时”“明天”“未来”“从前”“明年这个时候”“有时”等。在具体的交际过程中，时间指示语对信息的传达与语境之间有着十分密切的关系。在对时间指示语进行理解的过程中，需要将多重因素考虑进去。受话人也需要根据发话人话语中时间指示语的类别、话语发生的场合、动词的时态等来对话语信息进行确定。但是，对时间指示语的确定还可以从其字面意义上考虑。例如，时间副词“today”指言语事件发生的当天，“now”表示说话的这一时刻，“yesterday”表示言语事件发生之前的一天，“tomorrow”表示言语事件发生之后的一天等。这些词语的时间意义是相对比较固定的，但在语言运用中却存在很多的变化。

（3）地点指示语

交际过程中的地点指示语又称“空间指示语”，是指话语中存在的与言语、实践相关的地点、空间等信息。空间指示语包括表示近指和远指的地点、表示结构以及地点副词。英语中常见的地点指示语有“here”“there”“in this place”“in those situations”等。汉语中常见的地点指示语有“这里 / 这儿”“那里 / 那儿”“这个 / 那个地方”“附近”“在远处”等。

空间指示语指的是交际双方在语言事件中所在的方位及双方的位置。就物理学角度来说，物体的方位是稳定的，属于一种客观层面的信息。但是，由于交际双方对事物看待的目的和角度存在差异，其交际过程中出现的地点指示语也可能呈现不同的意义。这就是提醒交际者对地点指示语的确定也需要将语境等因素涵盖进去。

（4）语篇指示语

语篇指示语又称“话语指示语”，指的是在交际中，运用恰当的词汇、结构等来传达话语或者语篇。在日常生活中，交际往往会提及某一特定的时间与地点，因此语篇指示语与时间、地点指示信息相关。英语中语篇指示的词语主要有三类。第一类由指示代词“that”“this”引导。这两个词主要用于指示方位，分别与发话人的物体相远离或者相靠近。如果用于篇章指示，那么这两个词指的是一句话的上文或下文的某一部分，也可以指语篇中的某一实体，其中前一种用法更为普遍。第二类是一些会触发规约含义的词和短语，如“but”“even”“therefore”“however”“in conclusion”“moreover”“to the contrary”“after all”“well”等。它们往往在话语的开头呈现，其主要的作用在于对所在的话语及上文某一部分之间的语义关系进行表明。第三类是用于时间指示的一些形容词，如“next”“last”“preceding”“following”“previous”等。由于语篇是随着时间的推移而展开的，因此这些形容词也常用于篇章指示，参照点就是它们所在的话语。

（5）社交指示语

交际过程中的社交指示语指的是表示交际双方具体的社会关系和社会特征的词语。例如，英语中，在姓氏前加上“Mr.”“Mrs.”或“Miss”，能够表现出发话人对受话人的尊重；在汉语交际过程中也有很多表示尊称的词语，如“您”“您们”等指示语，以及“小孙”“老李”“谢小姐”“王大夫”等称呼语，都具有表现或调节发话人和听话人之间的社交关系的功能，因而属于社交指示语。

社交指示语往往能够将交际者的社会身份与地位体现出来。但是，这种身份的体现和确定只是针对交际一方来说的。在实际的运用中，社交指示语所涉及的社会信息包含很多内容，如性别、年龄、职业、社会阶层等。社交指示语可用多种语言手段来实现。

①人称代词。在一些欧洲语言中，存在着两种不同的第二人称单数，如法语中的 tu 和 vous 等。这种差别源于拉丁语中的 tu 和 vos，因此也成为 T/V。通常来讲，对社会地位较低、无须向其表达敬意的人使用 T 形式，而对于社会地位较高、需要向其表示敬意时用 V。

②称呼。有很多称呼形式可用于社会指示语，包括名字的不同表达方法，亲属名词，职业名称、头衔与名字连用等。这些称呼可以发挥不同的社会指示功能：头衔与姓连用可表示被称呼者有着较高的社会地位；泛化的称呼可以表示对陌生人的尊重等。

③词缀。不同的词缀可以传达不同的社会指示信息。

④词汇。有些语言中的成对词语常表示对人的恭敬和对自己的谦卑。例如，汉语中的“贵府”“寒舍”与“令妹”“犬子”等。

## 三、语用学概述

语用学是一门对语言的运用进行系统研究的学科，属于语言学的分支学科。语用学以语言哲学为研究基础，并与人类学、心理学、逻辑学、计算机科学等学科密切联系，形成了独特的多元发展格局。

### （一）语用学的定义

出于不同的研究角度，学术界对于语用学的定义也各有区别，有的从发话人与听话人的角度出发，有的从语境与意义的关系角度出发，有的从综合角度出发。

#### 1. 发话人角度

以下学者从发话人角度对语用学的定义进行了阐释：

莱文森（Levinson）认为，语用学研究语言结构中被语法化或被编码的语言和语境之间的关系。

托马斯（Thomas）认为，语用学研究发话人和听话人之间交互的意义。

坎培森（Kempson）认为，语用学是发话人通过寻找合适的言语而完成交流的过程。

从发话人的角度来说，语用学研究的是发话人传递信息和听话人理解信息的过程，也就是语言的生成与理解过程。话语的生成是其中的关键部分，因此从发话人的角度进行分析具有重要的意义。

（1）从发话人的角度进行分析能够明确交际者的真实意图，如请求、建议等，从而为后续语言的理解做准备。

（2）从发话人的角度进行语言分析能够看出发话人对语言、语境、语用要素的处理，从而体现出发话人的语用态度、语用策略和语用移情等。

#### 2. 听话人角度

从听话人的角度进行的理解又被称为“话语理解”，其也是语用学研究的重要环节。从听话人角度对语用学进行定义的阐释主要包括以下两种。

格林（Green）认为，语用学是一种以研究人类行为为目的的学科。

尤尔（Yule）认为，语用学是研究如何使听话人达到理解的最大化的一门学问。

在进行话语理解的过程中，发话人只是对话语的表面含义进行传达，听话人需要在话语的基础上进行推理和判断，从而进行深入的语言理解。具体来说，对听话人的理解需要包括以下三个层面的内容。

（1）研究发话人的话语特征，从而为后续的语言理解奠定基础。

（2）研究发话人如何利用语境来阐释自身的交际意图。

（3）研究听话人对发话人言语行为产生的误解及其影响。

#### 3. 语境角度

语境是影响话语传递的重要因素，在交际中有着重要的作用。交际双方的话语都是在特定语境的作用下完成的。因此，从语境和意义间的关系进行语用学研究和定义也是其中的重要切入点。

尤尔指出，语用学是一门研究语境意义的学科。

利奇（Leech）认为，语用学可被定义为研究话语在特定形势下的意义。

根据上述两位学者的观点可以看出，语用学研究的是话语如何在不同的语境作用下产生意义。

#### 4. 语用综观论

从语用综观论的角度对语用学定义的阐释也是语用学研究的重要角度。

格林认为，语用学是一门与语言学、认知心理学、文化人类学、社会学、修辞学等相互交叉的学科。

维索尔伦（Verschueren）认为，语用学虽然是语言的一个新兴领域，但是并不是和其他学科划清界限的，从功能性角度来说，语用学和认知、社会、文化功能的复杂性息息相关。

语言作为一种交际性工具，在使用过程中必然会与其他学科产生一定的关联性。因此，从不同学科的角度对语用学定义也是一种新的思路。

### （二）语用学的研究范畴

语用学研究的发展是时代和语言研究的必然。近年来，语用学研究势头上升，得到了很多专家学者的关注，其研究内容和研究方向也得到了扩展。

上文中从语用综观的角度对语用学定义进行了阐述，可以看出语用学研究有着跨学科的发展趋势，这是语用学研究本质所决定的，也是社会发展对语用学研究的要求。具体来说，跨学科语用学主要有以下几个研究趋势：语用语言学（pragma-linguistics），研究语言本身的语用问题；跨文化语用学（cross-cultural pragmatics），研究语用与文化关系；社会语用学（social pragmatics），研究语用与社会关系；认知语用学（cognitive pragmatics），研究语言与心理认知关系；发展语用学（developmental pragmatics），研究母语语用能力习得；语际语用学（interlanguage pragmatics），研究外语语用能力；文学语用学（literary pragmatics），研究文学作品语言。

由于语用学研究范围的广泛性，其在与众多学科结合的过程中形成了新的语用研究特色。下面就五种跨学科语用研究内容进行具体介绍。

1. 语用语言学

语用语言学主要研究的是语言形式的语用属性，如词汇、语言结构等。这种学科属于语用学、语法学和语义学的跨文化研究。其主要的内容包括几个方面：一类句子的歧义应如何排除；一些语用含糊现象的分析与观察；一些与特定的言语行为有关而在遣词达意时可能出现的词汇变异。

2. 跨文化语用学

跨文化语用学是从语用与文化的关系入手，对实际交际过程中，因文化背景和语言使用的差异性而对语言交际产生的影响进行的研究。文化与语言息息相关，跨文化语用学的研究能够使交际者了解跨文化交际中的注意点，从而有利于减少语用失误，促进交际的顺利进行。

3. 认知语用学

认知语用学主要研究的是交际过程和认知过程中的问题。在交际过程中，交际者需要通过找到说话人话语和语境之间的最大关联，从而利用逻辑进行推理判断，才能提高话语理解的准确性。认知语用学的研究为交际提供了认知心理学方面的依据，同时也为语用推理提供了一定的可行性依据，在一定程度上能够促进交际的进行。

4. 语际语用学

20 世纪 80 年代，语际语用学作为一种新的语用学研究方向而兴起。在研究过程中，语际语用学创造了自己的研究成果，主要包括几个内容：非母语使用者的言语行为；目的语语用能力的形成和发展；情境因素对选择语言形式和言语策略的影响；教学对目的语语用能力形成和发展的作用；非母语使用者对目的语的言外之力和礼貌的判断及理解。

5. 社会语用学

社会语用学指的是对语言在社会中的使用状况进行研究的学科。在社会交际中，交际者需要使用一定的交际策略和交际技巧保证交际的顺利进行。社会语用学就是对这些策略和技巧的研究，同时还关注社会和文化之间的相互作用关系。学者俞东明指出，社会语用学的研究内容包括语境和语言交际中的会话策略、语言和社会的认同、社交中的礼貌、谈话的声音、会话的标记、对话的方式、交谈的文化等。许多社会上正在使用的语言以及为不同目的而出现的专业语言都属于社会语言学研究的范畴，如工作类语言、教育类语言、翻译类语言、政治类语言、广告类语言、体育类语言等。

## 四、语用学研究的主要理论

### （一）言语行为理论

言语行为理论是语用学研究的重要理论之一。而奥斯汀和塞尔是言语行为理论研究的重要学者，对理论的出现与发展有着十分突出的贡献。

1. 奥斯汀的言语行为理论

牛津大学的哲学家奥斯汀是言语行为理论（speech act theory）的最初创建者。在进行理论研究过程中，其贡献主要表现在以下两个方面。

（1）表述句和施为句

表述句和施为句是言语行为理论的重要概念。奥斯汀指出，表述句是表达有所述之言的句子，其作用是以言指事、以言叙事；实施句是表达有所为之言的句子，其作用是以言行事、以言施事。

①表述句和施为句的特征

表述句又被称为“陈述句”，在语言运用中其功能在于描写、报道或陈述某一信息。表述句在使用过程中并不是随意为之，而是在逻辑和语义关系等真实条件的制约下形成的。表述句有一定的真假之分，但是从总体上说，表述句的真假是为了达成整体交际目的。例如：

The cat is on the mat.

I bet you six pence it will rain tomorrow.

I name this ship Queen Elizabeth.

上述三个句子中，第一句为表述句，是对客观世界的描写。第二句和第三句分别实施的是“打赌”和“命名”的行为，无所谓真假之分，是施为句。

在语言交际过程中，施为句带有以下几个特征：第一，施为句的形态为一般现在时；第二，施为句的主语为第一人称单数；第三，施为句的语态为直陈式主动语态；第四，施为句与副词“hereby”（特此）搭配，可以检验出一个动词是否是施为动词以及所在语句是否是施为句；第五，施为句含有施为动词（performative verb），如“bet”“name”“sentence”等。施为动词的作用是对发话人当前正在进行的行为进行描述或命名。例如：

I hereby declare the Olympics open.

上述例句中含有施为动词“declare”，可以断定其为施为句。发话人在说出话语的同时，就已经宣布奥运会的正式开幕，表达了一种以言成事的作用。

但需要注意的是，为了达到一定的言语行为效果，施为句的使用需要满足一些限制条件：第一，施为句的使用需要一些常规程序；第二，施为句在实施特定的程序时，其语境下的人物和条件必须是恰当的；第三，施为句的施行程序必须由交际双方正确、完善地执行；第四，施为程序的实施是交际者为了实现自己的交际意图而做出的，其话语的提出需要对受话人产生一定的影响。

为了检验施为句的以言行事功能，奥斯汀设计了以下公式：

IN SAYING“I x…”，I WAS x-ING。将此公式带入上面的例句，可以得到下面例句。

In saying“I declare the Olympics open”，I was declaring the Olympics open.

上面的公式可以说明言语行为的实质是用语言进行行动，而不是对客观世界进行描述。施为是语言的特殊功能，是超越真值条件的语言使用。

②施为句的分类

根据不同的交际目的，可以将施为句划分为以下三种：显性施为句、隐性施为句和内嵌施为句。显性施为句通过采用陈述形式，直接表达自己的交际意图，大多都带有明显的施为动词。隐性施为句无须借助施为动词，但却可以表示出“言之所为”。这种交际目的的达成是需要依托一定的语境的。内嵌施为句在使用过程中需要借助施为动词，但是施为动词并不充当句子的主要动词形式。例如：

The bike I promise you is made in Guangzhou.

在上述例句中，“promise”为施为动词，但是其存在并不是进行许诺，而是对将来许诺行为的一种描述，因此属于内嵌施为句的范畴。

（2）言语行为三分说

奥斯汀的言语行为三分说包括“言之发”（以言指事，locutionary act）、“示言外之力”（以言行事，illocutionary act）、“收言后之果”（以言成事，perlocutionary act）。

（3）言语行为的类别

奥斯汀还提出了言语行为的分类，主要包括裁决类、行使类、承诺类、表态类和阐述类，具体的划分及举例如下。

①裁决类，表达裁决或评价，动词包括 decree，convict，estimate，condemn，absolve，judge，appraise，characterize，rate，rank，diagnose 等。

②行使类，表达权力的实施，动词包括 vote，appoint，order，nominate，veto，advise，urge 等。

③承诺类，表达承诺或宣布意图，动词包括 promise，guarantee，pledge，commit，oppose，undertake，intend，plan，swear 等。

④表态类，用于表明态度，动词包括 apologize，thank，complain，congratulate，compliment，condole，criticize，sympathize，deplore，bless，welcome 等。

⑤阐述类，用于解释、阐述与论证，动词包括 affirm，state，deny，describe，refer to，argue，illustrate，explain，define，agree 等。

2. 塞尔的言语行为理论

塞尔也对言语行为理论的发展做出了重要的贡献，主要表现在提出了以下两个方面。

（1）实施言语行为的规则与条件

塞尔认为，言语行为是一种“以言行事”的理论，在使用过程中要受到一系列规则的制约。因此，塞尔对言语行为的规则进行了总结。

①调节性规则（regulative rule）。在语言交际过程中，调节性规则并不是硬性规定，其作用是限制新的言语行为和活动，并关注新的言语行为。调节性规则一般采用的方式是“应该做 X”或“如果 Y，则应该做 X”的形式。

②构成性规则（constitutive rule）。构成性规则带有一定的固定性，在不影响现存的言语行为的条件下，关注将来的或新的言语行为。构成性规则采用“X 等于 Y”的规则形式。

塞尔认为在具体的言语行为实施过程中，其需要遵循一定的条件：

①言语行为的实施要具备正常的语言输入和输出条件。输入条件指的是听话人能够了解说话人的语言。输出条件指的是说话人的语言能够被理解的条件。输入和输出条件的使用都需要交际双方了解语言使用的基础规则，并清楚自己的交际行为。

②言语行为的实施需要说话人在话语中表达自身的命题内容（propositional content）。这个条件主要是对以言行事行为与以言行事行为的命题内容的限制。也就是说，在交际双方生成话语时，其需要表达一定的命题。

③当说话人对命题进行表达时，其就是在实施一定的言语行为。

④在进行言语行为的过程中，其前提是受话者希望说话人去实施这个行为。

⑤言语行为实施的过程中，很多希望产生交际效果的交际双方，了解正常情况下说话人不会去做某事。这是言语行为实施的共同条件。

⑥说话人有意去实施这一行为。

⑦说话人希望通过说出某一话语，让自己承担做某事的责任。

⑧说话人希望听话人通过识别其意图，使听话人知道。

⑨当且仅当前面的八个条件得到满足时，说话人才能正确地、真诚地说出话语，这是说话人与听话人通过语义规则作用的结果。

（2）间接言语行为

塞尔对言语行为理论的发展做出的另外一个重要贡献是提出了间接言语行为理论。间接言语行为理论指的是使用间接的方式表达言语行为。例如：

We can't hear clearly. 我们听不清楚。

上述例句使用间接的方式表达了自己的请求，在一定语境的作用下，受话人能够了解说话人的需求，从而达到以言成事的效果。

间接言语行为理论的提出是基于一定的假设的，主要包括以下四种：

①显性施为句或明显的以言行事可通过施为动词判断说话人的语用用意。

②许多语句实际上都是隐性施为句。

③语句本身表达的类似言语行为称作“字面用意”，它与间接的“言外之力”（语用用意）相对，而且“言外之力”是在字面用意的基础上推断出来的。

④间接言语行为可分为规约性间接言语行为和非规约性间接言语行为。

（二）会话含义理论

在日常生活中，会话是用于传递与获取信息的一种重要途径和方法。在会话中，词语除了具备表面含义外，还往往具有隐晦的深层含义。这种深层含义往往是根据语境推导出来的，因此又称为“会话含义”。会话含义是言语交际中的一种间接性的表现形式，它并不侧重人们表面上说的什么，而是侧重人们这样说到底是传递什么意义。

1. 会话含义理论的定义

会话含义理论是由哲学家格赖斯在1967年哈佛大学的讲座中提出的，并且这一理论对语用学的研究有着重大意义。所谓“会话含义”是指听话者根据语境或者上下文进行推理而获得的字面含义之外的深层语用意义，即人们平时所说的“弦外之音”或“言外之意”。

在说明“含义”之前，格赖斯列举了如下事例：假设Steven与Lily在谈论他们的朋友Tom，Tom现在正在一家证券公司工作，Steven向Lily询问当前Tom的状况，Lily说了如下这句话：

我认为不错，像他的同事们一样，还没进监狱。

在该例中，Steven借助Lily的话，再结合现实的语境，可以正确理解Lily的会话含义，即如果不是说Tom是一个可以为了钱能够做出违法事情的人，那就是说他的同事可能都不太靠谱。很明显，Lily所说话的意指与实际内容是存在反差的。

为了更清晰地对自己的观点进行阐释，格赖斯抛弃了传统依靠“suggest”“imply”“mean”等做法来探究含义，而是在他的研究中加入了含有“implicate”的两个新名词：一是“implicature”，意思为含义；二是“implication”，意思是隐含。将二者进行合并可以得出格赖斯的会话含义理论，即探寻隐含在字面含义背后的真正交际含义。例如：

Mary：Do you like my new dress？

Sandy：Well，it is black.

玛丽：你喜欢我的新裙子吗？

桑迪：哦，是黑色的。

在该例中，如果按照字面含义理解，发现Mary和Sandy的对话并没有多大联系，也就是说Sandy实际在答非所问。但是，如果从语言运用的角度来分析，这样的回答是可以被接受的，因为其阐释的是话语隐含的意义即Sandy的意思是说这件衣服太黑了，不适合Mary。再如：

Wife：Shall we go to Lily’s new house？

Husband：She buys a big German shepherd.

妻子：我们去莉莉的新家吗？

丈夫：她买了一条大狼犬。

在上述的对话中，妻子想去Lily的新家参观，但是丈夫却采用了委婉、迂回的手段告诉妻子，由于她家买了一条大狼犬，所以不去。

上述两个例子也明显体现出会话含义理论。在上面两个例子中，其实际含义与字面含义是存在相关性的，通过推导，听者可以得出其所隐含的意义。这种情况在实际交际中也是很常见的。

2. 会话含义理论的分类

格赖斯指出，含义包含会话含义与规约含义两大类。会话含义与规则含义之间有相同点，也有不同点。共同点在于会话含义与规约含义的话语构成是基本相似的，即都包含词语语义初值和词语语义附加值两部分。不同点主要包含以下两个层面：

①规约含义依靠直觉就可以对其进行把握，不用考虑外在语境因素，且不具有语用意义。

②会话含义是受外界语境制约和影响的，很多时候同一话语在不同的语境中可能会产生不同的意义。

格赖斯在分析了含义的两个层面之后，对会话含义从语境层面做了进一步区分，将会话含义分为一般会话含义与特殊会话含义两大类。

（1）一般会话含义

一般会话含义是指说话者在遵守合作原则中的某一原则时，其发出的话语往往存在隐含意义。但是，一般会话含义的推导往往不需要语境，仅仅是与某一语言形式有着密切关系。例如：

Allen meets a woman. 艾伦见到了一位女士。

该例中蕴含着以下意义：那个见到的女士不是艾伦的妻子、母亲、妹妹等熟悉的人或朋友，而是一位陌生人。在这种情况下，推导是不需要预警知识的，因为这一含义是在正常情况下具备的。

（2）特殊会话含义

特殊会话含义是指在交际过程中，交际方违反了合作原则中的某一准则，从而使对方不得不依靠语境去推导真实的话语含义。一般来说，特殊会话含义是根据特定的场合、时间、地点、人物等做出的一种判断。对特殊会话含义的推导需要经历以下两个步骤：

①在特定的语境中，交际双方要假设彼此是在遵守合作原则的基础上进行的交谈。

②说话者故意违反合作原则中的某一准则，而听话者能够根据合作原则对说话者所传递的特殊会话含义进行推导。

可见，听者要想正确理解话语传递的真实含义，就必须要了解其特殊的语境知识。例如：

（语境：女儿买东西回来以后，妈妈问起所买的东西。）

妈妈：该买的都买了没有？上次吃的那个水果罐头买了没？

女儿：哦，我买了水果。

在该例中，女儿购物回来，妈妈向女儿询问是否给她买了上次吃的水果罐头，女儿理应回复“买了”或者“没买”，但是女儿的回答却是“我买了水果”，并没有提到妈妈期待的水果罐头。根据这点，妈妈可以认定女儿一定是希望她能够得知这样的隐藏含义，即“没有说的就是没有买的”。很明显，女儿的回答违背了合作原则中的关系准则，从而传递出话语的特殊会话含义，即女儿可能认为吃水果会比水果罐头更好、更健康，因此选择买水果替代水果罐头。

通过分析可知，特殊会话含义的生成离不开说话者违反合作原则中的某一准则。也可以得知，一般会话含义与特殊会话含义的不同点不仅体现在类别差异上，还体现在语言使用者调配语言资源的策略上。

3. 会话含义理论的准则

会话含义理论的准则就是合作原则。对于合作原则，格赖斯给出了这样一个定义：“我们可以提出一个交际双方都应该遵循的笼统原则，即在谈话过程中的每一阶段，交际双方都应该按照交际的方向和目的的要求做出自己应有的贡献，这就是合作原则。”在格赖斯看来，一次交际活动往往不会是由不相干的语言组成的；相反，交谈双方需要具备明确的目标和目的，围绕这一目标来共同努力，保持一种合作的默契，最终完成交谈。基于此目标，格赖斯效仿康德的质、量、关系、方式四大范畴，规定了合作原则四条准则：质准则、量准则、关系准则与方式准则。并且，有些准则下还包含一些次准则。这些准则与次准则的提出都是为了帮助人们理解字面含义之外的言外之意。

（1）质准则

所谓合作原则中的质准则，是指对说话者所说的话语在真实性层面的限定。这一准则要求说话者要实事求是地说话。那些自己认为不真实的、缺乏科学依据的都不要说。质准则包含两条次准则：

①说话者不说自认为是虚假的、不真实的话语。

②说话者不说缺乏足够依据的话语。

（2）量准则

所谓合作原则中的量准则，是指对说话者所说的话语中的信息量进行规定，要求说话者应该将听话者想知道的信息都说出来，不说听话者没有要求的信息。简单来说，就是要求说话者说出的话语应该详略得当。量准则包含两条次准则：

①说话者所说的话语应该包含交谈目的的所有需要信息。

②说话者所说的话语不应该超出交谈目的所需要的信息。

（3）关系准则

所谓合作原则中的关系准则，是指在交谈中，会话内容要与交际目的和主题有联系，即说出的话要切合交际目的和主题，不能说没有关系的话语。

（4）方式准则

与质准则、量准则、关系准则不同，这三者讨论的主要是“说什么”，而合作原则中的方式准则讨论的是“怎么说”，即说话者要将所说的信息表达得明白、清楚。方式准则包含四条次准则：

①说话者提供的信息应避免晦涩难懂。

②说话者提供的信息应避免歧义。

③说话者提供的信息应避免啰唆、言简意赅。

④说话者提供的信息应该井井有条、布局有序。

（三）关联理论

关联理论从产生之日起，就受到了国内外学者的热烈关注。关联论认为，人类的认识是以关联为基础的，人们总能够尽可能地以最小的信息加工获取最大的信息关联。可见，关联论是从认知的角度对人类交际与认知的共性揭示出来，将语用学的研究重心转移到认知理论上来。关联理论的内容也涉及语用学的其他领域，对语用学的研究有着重大意义。

1. 关联理论的产生

关联理论（Relevance Theory）首次见于1986年斯珀伯和威尔逊的《关联性：交际与认知》一书中。两位学者对格赖斯的会话含义理论进行了批判和继承，从认知心理学的基础上对人类交际的内在机制进行了分析和探讨，研究的范围涉及语言学、语言哲学、认知心理学等学科。

在国内外语用理论的研讨中，关联理论是研究的焦点，并且也是为数不多的、颇为成熟的语用学理论。国际上很多刊物都登载了与关联理论相关的文章，并成立了专门的关联理论研究小组。在我国也是一样，很多硕士生、博士生也以关联理论作为研究的课题，试图对关联论的不足之处进行查缺补漏。

关联论源于新兴的认知心理学，承认人类认知的基本过程：对信息进行处理需要付出一定的努力，其付出的努力程度越大，成功获取话语关联的概率也就越高；其付出的努力程度越小，成功获取话语关联的概率也就越低。它强调认知环境在信息加工中的意义，提出了明示—推理这一交际模式，解决了合作原则中一些悬而未决的问题。

在格赖斯看来，交际双方都应该知道交际的基本准则，即上面提到的质准则、量准则、关系准则及方式准则，并且听话者能够识别说话者是否明显违反了这些准则。但是，关联理论认为关联原则是对明示—推理交际的总概括，交际双方并不需要知道这些约束交际的关联原则，也可以不必去遵守它，因为每一项明示交际行为都设想其本身具有关联性。

此外，会话含义理论认为在对字面含义理解之前，听话者首先需要获取字面含义，然后再进行推导；但是关联理论认为听话者直接获取非字面含义，无须经过字面含义加工这一过程，因为它不具备关联性。可见，虽然学术界对关联理论的褒贬不一，但是其作为认知语用学的理论是不可磨灭的。

2. 关联理论的相关概念

在关联理论中，"关联""最佳关联假设与最佳关联"是其重要的概念，对这两大概念的理解有助于更好地实现交际意图、完成交际任务。

（1）关联和语境概念

关联理论必然涉及关联一词，并且根据斯珀伯与威尔逊对关联理论的界定，也衍生出几个与之相关的概念。

①关联

斯珀伯与威尔逊认为，"如果并且只有一个假设在一个语境中存在语境效果，那么该假设在这一语境中就是关联的"。因此，存在语境效果是关联的必要条件，不存在语境效果也就不存在关联。但是，存在语境效果并不是关联的充分条件，也就是不能说只要存在语境效果，哪怕这个效果再小，也是有关联的。因此，在谈论关联性时也需要考虑关联程度问题。

语境效果不是凭空产生的，为了取得最佳的语境效果，人们需要付出精力对关联假设进行处理。正如斯珀伯与威尔逊所言，"一个假设所产生的语境效果越强，其关联就越大；其他条件均等，为处理假设所付出的经历越大，其关联就越小"。可见，关联大小、关联程度往往是受语境效果及经历制约的。基于此，两位学者给关联下了一个比较的概念：

程度条件一：一个假设在某语境中关联时，在该语境这一假设的语境效果大。

程度条件二：一个假设在某语境中关联时，在该语境中处理这一假设所需的精力小。

两个比较性的概念对关联的充分和必要条件进行了规定。但是"假设"这一概念是指包含所有可疑的、虚假的、事实的信息，也就是被个体认为的代表真实世界的思想。

②语境效果

如前所述，关联与语境效果密切相关。所谓语境效果，是指对某个语境进行改变和改善而产生的效果。当新信息与现时语境假设发生下列三种情况中的任意一种时，语境效果也就产生了。

情况一：对现时语境假设加强。

情况二：与现时语境假设产生矛盾，并将现时语境假设打消。

情况三：与现时语境假设相结合，产生一种语境隐含。例如：

It will rain in Beijing tomorrow.

如果你明天去北京，并猜测北京明天会有雨，那么该句就通过加强或者证实你的现时语境假设而产生语境效果；如果你明天去北京，但猜测北京明天是晴天，那么该句因为与你的现时语境假设相矛盾而将该句打消，因此语境效果也得以产生；如果你明天去北京，但已经猜测到北京明天会下雨，因此决定带上雨具，那么该句通过与你的现时语境假设相结合而产生语境暗含。

可见，语境效果与新信息和现时语境假设有着密切的关系。要产生语境效果，既要有新信息，也需要现时语境假设，二者交叉进行，但是不能完全重复。

③语境及语境假设

语境效果是建立在语境假设之上的，这个现时语境假设又被称为“语境”或“背景假设”。语境并不只是说话者话语的上下文，也不仅仅是话语产生时的情景，还指代话语理解时所参考到的一切假设。这些假设可能来自上下文，也可能来自说话者的实地观察，也可能来自听话者的自身知识等。总之，语境对话语理解十分重要。不管怎么说，语境是动态的，话语理解需要两个层面。

层面一：听话者对话语进行解码，得出话语明说层面的意义。

层面二：听话者围绕话语进行语境选择和语境扩展，使话语在语境中产生关联效果，从而得出说话者的隐含意义。

例如：

A：I am tired.

B1：If you are tired，I’ll make the meal.

B2：I’ll make the meal.

B3：The dessert is ready. I’ll make the main course.

从上述的对话中不难发现，B1 的回答与 A 是关联的，此时 B1 回答的语境是上文明确表达出来的。B2 的回答看似与 B1 没什么区别，但是此时的理解不仅仅是依靠上文，还包含上文的隐含，即 A 希望 B2 来做饭。B3 的回答也是关联的，其语境不仅仅是上文所表达出来的和上文的隐含，还包括一些百科知识的参与。

④精力

关联与语境效果密切相关，但是语境效果并不是凭空产生的，需要付出一定的精力。精力取决于以下两个因素：

因素一：为构建恰当的、合适的语境而付出想象和记忆的努力。

因素二：话语本身具有心理复杂程度，复杂程度越高，所需要付出的精力也就越大。

（2）最佳关联假设与最佳关联

关联理论包含以下两条关联原理：

①人类认知常与最大关联吻合。

②每一个明示的交际行为都传递着自身的最佳关联假设。

第一条属于认知原理，而第二条属于交际原理，第二条涉及最佳关联假设，这一假设的内容又包含两点：明示刺激信号具有足够的关联，并且值得听话者付出精力来加工处理；明示刺激信号具有听话者的能力和意愿允许范围内的最大关联性。从这一点来说，最佳关联假设涉及听话者及说话者两个层面的关联程度问题。但是，到底一个话语需要怎样的语境效果、需要付出多大的精力才能实现最佳关联呢？威尔逊指出了两个条件：

①取得足够的语境效果，引起听话者特别注意。

②在取得语境效果的过程中不耗费听话者过多的精力。

从威尔逊的这两个条件中可知，一个最佳关联的话语信息能够引起听话者的注意，能够在他的现时语境假设中产生足够的效果；从精力层面上来说，话语不能使听话者理解困难和费解。显然，并不是每一个话语都具备这两个条件。

## 第二节　语言学的演进历程

### 一、语言学发展的历史

对于语言的研究最早可以追溯到公元前五、六世纪。在欧洲文艺复兴之前，语言学主要对希腊语和拉丁语进行研究。从文艺复兴到 18 世纪时期，对于语言的研究虽然仍然集中在语法描述上，但是其研究视野已经不局限于少数几种语言。

语言学作为一门独立学科出现是在 19 世纪上半叶，伴随着历史语言学的出现，语言学作为一门独立学科诞生。在一个多世纪的历程中，语言学的发展可以根据其学术思潮的发展概况为四个主要阶段，分别为历史比较语言学派、结构主义语言学派、转换生成语法学派、功能主义语言学派。

（一）历史比较语言学

历史比较语言学是指通过历史比较来解释语言之间的系统对应从而揭示语言的历史渊源、演变规律及其亲缘关系。

历史比较语言学主要在19世纪进行了大量的科学工作，此前也有不少学者从事该领域的研究，例如英国东印度公司的官员威廉·琼斯（William Jones）在1786年发表论文对梵语、拉丁语、希腊语和日耳曼语的历史亲缘关系进行了论证。丹麦的拉斯克（R. Rask）、德国的葆朴（F. Bopp）和格林（J. Grimm）被认为是历史比较语言学的奠基人，这三位先驱学者对梵语、希腊语、拉丁语、冰岛语、立陶宛语、峨特语等大批古代和现代语言进行了广泛的调查，对这些语言的词形进行了系统的比较，找出了其中的语音对应规律，确定了它们之间的亲缘关系。

另一位德国语言学家施来赫尔（A. Schleicher）也在历史比较语言学领域具有较大的影响力。他在前人的研究基础上，对始源语即古印欧语进行了重建工作，为语言学研究做出了突出的贡献。施来赫尔认为语言的演进类似于生物进化，因此他提出利用生物学上的植物分类法对语言的亲疏关系进行研究，并提出了语言的谱系树理论（Family Tree Theory）。该理论认为语言像一棵树，亲语是树干，子语是树枝，树干与树枝构成一个谱系树。谱系树理论的提出使语言学获得了极大的发展，根据这一理论，能够一目了然地展现出个语系从假设的原始母语逐步演变到各种语言的历史过程。

19世纪下半叶，历史语言学派的研究中发展出了以保罗（H. Paul）等人为代表的新语法学派，历史比较语言学的研究又前进了一大步。新语法学派认为，历史比较语言学不应仅限于对语言变化做单纯的描写，语言学研究者不应将重点放在重建始源语上，而应该将重点放在联系语言的使用和探讨语言变化的本质上。新语法学派将语言的变化规律归纳为两条原则：一是语音规则无例外原则，二是类比原则。

历史比较语言学的研究也存在一定的局限性，其主要表现为对语言单位进行孤立研究，强调对语言现象的历史比较，从而忽视了语言的整体性。但是，从总体上来说，19世纪的语言学家改变了过去只研究几种语言，以书面文献语法研究为主的局限，拓宽了语言学的研究领域，丰富了研究的语言种类，揭示了语言之间的内在联系，建立了一种解释语言发展变化的亲属语言理论，在理论上为20世纪新的学派的发展奠定了基础，推动了20世纪语言学在研究在理论和方法上的变革。

（二）结构主义语言学

结构语言学的奠基人是瑞士语言学家索绪尔（F. De Saussure），他在早期曾从事过印欧语言的历史比较研究，静态语言学（Static Linguistics）是其语言学理论的精华内容。1911 年，索绪尔在日内瓦大学对静态语言学进行了系统的传授。1913 年，索绪尔去世。1916 年，索绪尔的学生巴利（Charles Bally）和薛施蔼（Albert Sechehaye）根据讲稿和听课笔记整理出版了《普通语言学教程》一书。该书自出版以来，其传播和影响在语言学发展历史上都是巨大的，美国语言学家霍凯（C. Hocker）将这部著作誉为现代语言学史上的四项重大突破之一。《普通语言学教程》提出了一系列理论，实现了对历史比较语言学局限性的突破，开创了语言学中结构语言学的新时代，可以将该书的出版作为现代语言学诞生的标志。

索绪尔语言学观点的独到之处在于，他将语言视为由语言的各个组成部分之间的关系组成的结构系统。换言之，索绪尔认为语言是一个庞大的系统，词汇、语法、语音是其中的三个小系统，在这些小系统中又存在许多彼此联系的成分，并建立了语言学中的符号理论。此外，索绪尔的两个二分法也是其研究与历史比较语言学的不同之处，即①语言和语言的区分，即语言是语法系统，它不通过自身表现出来，而是潜伏在使用该语言的社会成员的大脑中。言语是语言的使用，是语言的具体体现。具体化的语言受到时间、地点、个人等因素的影响。②共时语言学（Synchronic Linguistics）和历时语言学（Diachronic Linguistics）的区分，共时语言学研究一种或多种语言在历史发展过程中某一阶段的状况，及某个语言状态（Language State），共时语言学不研究语言状态的进化。历时语言学研究长期历史时间范围内的语言变化。索绪尔认为，语言通过共时状态发挥作用，语言交流作用的发挥不在于它的演化，而取决于该种语言当时所处的状态。索绪尔的观点对语言学的研究在直接和间接上都起到了重要的影响，并在结构主义语言学下产生了多种学派，如布拉格学派、哥本哈根学派、美国描写语言学派（美国结构主义学派）等，这些学派都以采用共时的研究方法，从各个方面对语言系统本身的结构成分以及相互关系进行描写，不同的结构主义语言学派在研究的侧重点上有所不同。

在这些学派中，美国描写语言学派的影响最大。美国描写语言学派的创立者是人类学家鲍阿斯（F. Boas）。布龙菲尔德（L. Bloomfield）是该学派影响力最大的学者。布龙菲尔德于 1933 年出版了著作《语言论》，在书中对美国描写语言学派的理论和方法进行了规范性的描写。布龙菲尔德主张语言学的任务为对可观察到的语言材料进行客观系统的描述，并以此揭示语言各因素之间的关系，这一主张也成为日后语言学研究必须遵守的一项准则。在对语言进行调查时，说话人在完全没有准备的情况下所说出的话语是最真实的语言材料，研究者也十分注意对这类材料的采集。这一研究理论应用于英语教育，产生了听说教学法，并得到了广泛应用。结构主义学派不可避免地也存在一定的局限性，其主要体现在研究方法上，结构主义学派只重视语言形式的分析，忽视了对语言意义的研究，并认为语义不属于语言研究的范畴。但是结构主义学派的贡献在于揭示了语言不是人为规定的特性，提出了要认识语言必须经过调查和分析，对语言结构进行描写。结构主义学派探索出了较为严谨的语言描写方法，以分布和替代为标准对语言单位层次进行切分和归类。从方法论上看，结构主义语言学在对语言的认识上取得了进步，但是也没有回答语言是什么这一根本问题。

（三）转换生成语法

美国麻省理工学院的乔姆斯基（N. Chomsky）是转换生成语法学派的代表人物。乔姆斯基在 1957 年出版了著作《句法结构》，该书的出版引发了语言学界新的革命，标志着语言学的研究进入了转换生成语法时期。在研究方法和原则上，乔姆斯基继承了结构主义学派的一些特征，如哈里斯的转换理论、雅柯布逊的语言共性理论，在语言描写中剔除语义和功能因素等，但是在研究对象和目的等问题上，转换生成语法学派与结构主义学派存在较大区别。

转换生成语法理论的语言学实验基础是：当幼儿大约四五岁时，可以掌握一种语言，而这一年龄段的孩子的智力非常不发达，获取其他知识较为困难，只有获取语言较为容易。这表明，幼儿天生具有学习语言的能力，即语言获得机制。根据这种推理，乔姆斯基得出了如下结论：人类大脑的初始状态应该包括人类语言所共同具有的东西，也就是普遍语法。

关于普遍语法的概念成为转换生成语法理论的认识基础。乔姆斯基认为普遍语法是“人类一切语言都必须具有的原则、条件和规则系统，代表人类语言最基本的东西”。它可以将所有个别语言约束在一个总的范围之内。但它只是一种原则，个别语言要根据普遍语法原则选择自己的特点。所有语言的语法都包含转换规则，但不同语言的转换方式并不相同。乔姆斯基将这种旨在说明人类语言能力的模拟语法称为生成语法。

从研究对象的角度看，乔姆斯基对语言能力和语言行为进行了区分。乔姆斯基不同意结构主义学派将研究对象局限于分析和描写实际话语（即语言行为）的做法。人们实际所说的话语是有限的，而能说的话语却是无限的，只对人们实际说出的有限话语进行研究，是难以解释语言本质的。因此，在乔姆斯基看来，语言学的研究应以语言能力，即人们说话时的心理过程为研究对象。

从研究目的的角度看，结构主义学派以语言结构的描写为最终的研究目的，而以乔姆斯基为代表的转换生成语法学派则认为这只是知识语言研究的一部分，通过假说解释人类认知结构中特有的语言能力才是语言学研究的最终目的。为了达到这一研究目的，乔姆斯基提出了深层结构和表层结构、普遍语法等假说。

1957 年，以乔姆斯基为中心，以麻省理工学院为基地，创立了转换生成语法学派。转换生成语法学派在发展过程中，也受到过其他学派的批评，在内部也产生过争端，并产生了不同的分支流派，但经过不断地发展，转换生成语法学派已经成为当代语言学中最具影响力的学派之一。

（四）功能主义语言学

功能主义语言学派侧重于社会学视角下的语言研究，它关注语言的社会功能以及功能的完成。语言本身存在形式和功能这两个不同的方面。转换生成语法将语言的结构（形式）作为研究重点，对其进行公式化、数学化、形式逻辑化的描写。自 20 世纪 60 年代末以来，语言学研究的重点由对语言的形式研究转向对功能的研究，语言的研究视野实现了又一次的拓宽。

最早在 20 世纪 30 年代，在布拉格学派对语言内部功能的研究中，就采用了功能主义的研究方法。到 20 世纪 70 年代，功能主义学派逐渐形成和发展起来，成为具有全球性影响的学术思潮。英国的韩礼德（M.A.K. Halliday）、法国的马丁内（A. Martinet）等人是功能主义语言学派的代表人物。

功能主义语言学派将语言理解为一种社会现象，交际和交流思想是语言的基本功能。语言是语言和文化允许说话人做出选择的选择范围，是“What you can”，而人类实际说出的话语则是“What you did”。因此，语言研究除了要研究语言的结构，还要重点关注词句在社会和文化上的情景意义，也就是语言的各个单位在完成交际的过程中所体现出的各种功能。功能主义语言学派有两个主要任务：一是对语言的使用进行研究，即对语言用于执行哪些社会功能以及如何执行这些功能进行描述；二是对语言的本质进行研究，即对语言功能如何决定语言形式进行揭示。

转换生成语法学派与功能主义语言学派分别从不同的角度和路径对语言学进行研究，转换生成语法学派侧重于对语言心理基础的研究，功能主义语言学派侧重于对语言与社会的关系研究。转换生成语法学派与功能主义语言学派相互补充，推动着现代语言学研究在广度和深度上的进一步发展。

### 二、语言学的现代发展

通过对语言学的发展历程及其不同学派的论述可以发现，语言学研究的发展呈现出由早期语言学的规定性，到现代语言学的描写性，再到最近的解释性的发展趋势。也就是说，语言学研究的重点从对语言系统的研究转向了对语言使用的研究，结构主义语言学派和转换生成语法学派都将研究对象限定在“语言的语言学”这一范围之内，但是对于“言语的语言学”没有给予足够的重视。20 世纪 50 年代末以来，随着语言研究的深入发展，人们越来越意识到语言是一个多方面、多层次的系统，除了自身结构外，语言还与社会、文化以及使用者等存在着密切的关系。只有结合这些因素对语言进行多方面的研究，才能真正解释出语言的本质和规律。对语言研究认识的新发展使语言研究的领域扩大到语言使用的多种问题，语用学、篇章语言学等新兴学科也随着语言研究中心的转移逐渐建立和发展。

此外，近年来，随着现代科学发展中跨学科研究的边缘学科兴起，涌现出了大量的交叉学科。语言学作为一门基础和领先学科，现代科学跨学科研究的特点表现得较为明显，语言学逐渐朝着多方位、多侧面、多层次的方向发展，成为一门立体性学科。与其他学科的交叉使得语言学的研究领域不断扩大，研究方法也不断丰富，产生了大量的边缘学科，如与社会学结合的社会语言学、与心理学结合的心理语言学、与神经学结合的神经语言学等。

## 第三节 英语教学的本质特征

要明确英语教学的本质特征，必须以对语言本质的认识为基础。如果将语言认为是由形式和意义组成的符号系统，是一种人类思维的工具和文化载体以及人类交流的工具。那么，英语教学的本质特征可以从以下两方面理解。

### 一、重构语言规则系统

学习英语是一个重构语言规则系统的过程，包括对语音、语法、语义等规则系统的重构。将英语学习理解为语言规则系统的重构是因为虽然人类语言是按照一定规则组成的系统，各语言之间存在一定的共性，但是不同的语言法在系统构成的方法和规则体系上存在一定的差异。作为一门外语，对英语的学习是建立在学习主体母语语言系统的基础之上的，英语学习主体的生理、心理和认知基础有别于母语学习主体。前者对于英语的学习表现为语言规则系统的重构，后者则表现为语言规则系统的内在化。对母语的学习处在一种自然的语言环境下，学习主体通过认知能力的发展逐渐完成对母语的掌握。而学习外语的语言规则系统重构，则依赖英语语言规则的教授和学习，在重构过程中，学习主体受到原有的语言知识的影响，因此它的发展也表现出反复性和不平衡性。

### 二、培养跨文化交际能力

培养学习主体的英语交际能力是英语教学的最终目的。在语言的学习中，掌握遣词造句的规则是重要的，但是更重要的是在语言交际环境中对于语言及相关知识的运用。语言和词汇是文化信息的沉淀，语言交际模式是社会文化观念和交际习惯的体现。语言以文化为背景并反映一定的文化，不同民族的文化存在差异、各有特点。因此，文化背景的不同使得不同的语言在交际中的使用以及意义的表达都存在较大的差异。从根本上来说，英语教学的最终目的是对学习主体跨文化能力的培养，使其能够在英语交际环境中正确、恰当地使用英语完成交际。

## 第四节　英语教学的现状与发展

### 一、英语教学的现状及改进方法

虽然早已提出了对大学英语的改革，但是在大多数大学英语的课堂教学中，仍然以传统的“填鸭式”教学为主，在教学上过于重视基础内容的教学，忽视了大学生日益增长的工作和就业的实际需求，大学英语教学在针对性和实践性上还有较大的不足，没有做到根据学生的具体情况进行分层教学；英语教学偏离实际，过于强调“考证”；教师在教学中只重视对语言的传授，忽视了学生的语言表达。这些不足使我国的英语教学表现为一种“哑巴英语”，在英语的教育与学习中付出较多却回报较少。学生学习了英语知识却无处应用成为一种普遍现象。当前，提高大学生的英语应用能力成为英语教学中亟须解决的重要问题。

我们可以从以下四个方面改进我国当前的英语教学：

#### （一）更新教学理念

首先，外语教育工作者一般都强调英语的工具性，对于其人文性关注甚少。这种观念导致对英语教学中的人文主义教育价值观重视不够。人文主义教育价值观认为：教育的核心价值和最终目的是人的发展。英语学习既要注重语言交际能力的提高，同时对于学习者的思维方式的拓展、价值观念的重组和人格结构的重塑更要关注。对于英语教学来说，教师应该从三个方面来思考和探索大学英语教学的课程体系：学生能力本位；人性提升；全面发展。从这个角度来说，大学英语教学的培养目标应该定位在培养学生的人文素质上。这些素质包括：对英语语言的了解、对英语国家文化的了解，等等。这样的培养模式一方面能培养高素质的劳动者，另一方面还能照顾到部分英语水平不高的学生，改变他们难以达到运用英语进行口头和书面交流的现状；而对于水平较高的部分学生，通过了解、学习、理解异域文化，发展异域思维的基础上，他们的口语和书面语能力都有长足的进步与提高。其次，英语课程的实践性、操作性都非常强，其课程教学设置务必以培养学生能力为本位。教师应有正确的教学观，应该做到：课堂教学始终以学生为中心；积极调动学生的主观能动性；正确处理好语言知识、语言技能和语言能力之间的关系；培养学生“在用中学”的学习理念。

（二）优化课程设置

在以就业为导向的大背景下，社会特别优待那些英语基础好、专业扎实的高校毕业生，为其提供很多难得的涉外就业机会。这促使我们要不断地优化课程设置，构建一个由基础英语、专业英语、职场英语、行业英语组成的全新的高职公共英语教学体系，为学生的职业发展服务。基础英语设置不宜太长，一般为一年左右，主要向学生讲授一些必需的、实用的英语语言知识及语言技能，介绍英语国家的文化习俗等内容，这不仅培养了学生国际交往意识，而且为学生的专业英语学习奠定了良好的语言基础。同时结合学生所学专业，开设相关的旅游英语、文秘英语、计算机英语、护理英语等，培养学生运用英语进行口语或书面交际能力，如阅读和初步翻译与本专业有关的英文资料的能力，满足学生的专业发展，也为学生终身学习英语、进一步提高英语的应用能力打下一定基础。同时，要结合不同专业开设专业英语选修课，满足学生专业发展和就业的需要。通过增设礼仪英语、英语应用文写作、英美文学、经贸阅读、第二外语等外语课程，加大选修课比重，满足不同学生不同层次的需求，为社会培养复合型人才。

（三）创新教学模式

首先，亟待转变的是以前那种“一刀切”的教学模式。大学生生源类型的多样化使得他们的学科基础知识、智力因素和非智力因素等方面存在明显的个体差异，我们只有看到学生个体的差异，因材施教，才能让每个学生获得发展和成就感。因此我们要结合学生的兴趣，依据学生的认知结构和认知能力实施分层教学，进行个性化教育，将其分成不同的层次或班级，有区别地进行教学。同时让学生根据自己的学力、兴趣和愿望选择有利于自身发展的层次或班级上课，而学校从各层次各类型学生的实际出发，确定不同的具体要求，进行不同的教学，分层教学是大学英语教学的一个重要探索，它着眼于全体学生，而不是少数的“尖子生”，它有利于培养学生的主体意识，有利于发挥教师的创造精神，有利于课堂效率的提高。其次，需要把传统的教学模式转变为一种基于多媒体网络课堂的全新教学模式，积极开展第二课堂活动，为学习者创造一个集文字、声音、图像、动画为一体的外语学习环境和实践环境。如成立“英语学习中心”，定期开展活动；创办英语广播电台，以大量的资料介绍英美概况、人文地理、风土人情、趣味故事、名人典故等；组织英语演讲比赛、英语辩论赛、英语知识竞赛、英语作文大赛、英语讲座、英语晚会等活动，这些不仅有利于激发学生学习英语的兴趣，而且充分调动学生多种感官，大大提高学生学习英语的效率。此外利用多媒体网络可获得书本以外的信息，这种多渠道、多感官获得语言信息的方式有利于学生对英语的成功习得。

（四）完善教学评价

评价体系作为大学英语教学的一个重要环节，起着不可估量的作用。“以实用为主，够用为度、应用为目的”这一指导原则强调以就业为导向的大学英语教学的实用性和职业性，要求毕业生就业时拥有该岗位所需的英语能力。因此教学评价形式必须以能力测试为中心，实现多元化考核评估。首先，英语测试对教学具有特殊意义。语言教学和语言测试是相互依赖、相互作用的，英语测试既服务于教学又反过来作用于教学，在实际教学中，为了更好地服务于学生的就业，我们更应该突出能力测试。从单一的卷面测试逐步转向英语应用能力的全面评价上来，充分发挥测试的诊断、评价、反馈、预测及激励的功能。大学英语考试可分为校内的课程考试和校外的水平考试。前者一般指的是每学期的期末考试，最大限度地覆盖教学内容、重点难点，主要检查学生学习情况和语言运用能力；后者主要指的是一种国家级或省市级的水平考试，如大学英语四、六级、全国英语 A/B 级测试等，这类考试往往信度高、效度高、认可度高，而且通过这一模块的评估，能更好地激发学生的自主学习热情，做到“学以至用”，增强竞争力，利于学生就业。其次，采取多元化考核评估。为了更好地满足学生的个性差异，遵循个性发展的教育原则，我们需要对学生进行合理的个性化评价。比如教师和管理部门在对学生评价时，最好结合知识、能力等多元化评估内容；通过学生自评、学生互评、教师评估、学生评教、管理评教及企业认可等多元化形式评价学生的学习过程和教学质量，培养学生自主学习能力，激励教师因材施教；通过课堂提问、回答、课后面谈、考试等多元化手段及时了解学生的学习动态，促进学生有效学习。通过这种多元化的评估体系最终实现英语学习进程和学习结果的评价达到和谐统一。

以培养高等应用型人才为目标的高等职业院校应该以就业为导向，以岗位能力标准为依据，以交际能力培养为重点，以现代化教学手段为依托，全面加强英语教学改革，切实提高人才培养的针对性。

## 二、英语教学的发展

我国的英语教育正处于世界教育潮流的背景之下，随着我国国情的发展变化以及在外语教学理论界的作用下，我国的英语教学呈现出了新的发展趋势，不断朝着多元化的方向发展。

当前，多元化成为我国社会发展的一个主流趋势，这一趋势同样也影响着我国的教育发展。对于英语教学教育来说，它的多元化发展主要体现在教育需求、教育机构和教学主体、教学媒体、教学材料、英语语言、教学模式等方面。

### （一）教育需求的多元化

英语教育需求的多元化首先反映在行业上，一些与直接相关的行业如涉及对外经贸与外事的社会机构和组织、外资企业、旅游业等，对英语教育的需求越来越高。随着我国改革开放的深入发展，我国的开放程度不断提高，再加上经济全球化的发展趋势，我国的文化、教育、卫生、体育等各行各业都实现了不同程度的国际化，由此必然产生对于英语人才的多元需求，从而通过行业需求推动英语教育在各方面的多元化发展。

### （二）教育机构和教学主体的多元化

在改革开放前，我国的教育机构主要是各级国有学校。改革开放后，教育产业允许民间资本、国外资本进入。在改革开放的背景下，我国教育中需求最大、发展最快的就是英语教育，多元资本不断涌入英语教育产业，各种类型、各种层次的英语教育机构不断涌现，如民办学校、社会办学机构、培训中心、补习班、夏令营等，这些英语教育机构与国有的英语教育共存发展，使我国的英语教育呈现出多元化的景象。

伴随着教育机构的多元化，英语教学的主体也朝着多元化的方向发展。

在传统的英语专业背景的教师之外，在双语教学中，大量的非英语专业背景教师利用英语进行各种专业课程的讲授。还有不少英语母语国家的人士到我国的各级学校或社会办学机构任教，进行英语或其他专业课程的讲授。

此外，还有不少国内英语讲师，他们虽然并不是英语专业出身，但是在英语考试方面较为精通，他们专门在以英语应试培训为主的社会办学机构中任教，并受到学生的广泛欢迎。由此可见，我国的英语教师来源越来越多元化。除了教师之外，英语的学习者也呈现多元化趋势，除了大、中、小学生学习英语之外，幼儿园的孩子也在学习英语。此外，各行各业的从业者出于职业需要、开辟市场、升职加薪等目的也都在学习英语。学习英语在我国社会成为一种热潮，英语学习者日益呈现出多元化趋势。

（三）教学媒体的多元化

随着现代信息技术的不断发展，英语教学的教学媒体已从传统的黑板和粉笔转变为传统教学媒体与现代教学媒体的融合，实现了英语教学媒体的多元化。在英语教学中，传统的教学媒体包括直观教具（教师的动作和语言以及各类实物教具）和示意教具（各类图表）。现代教学媒体包括视觉媒体、听觉媒体、视听媒体、单媒体系统；IT 教学媒体则包括各类多媒体系统以及超媒体系统。随着科学技术的不断发展，我国英语教学媒体的多元化已经成为现实。

（四）教学材料的多元化

英语教学材料的多元化主要体现为教学资料来源、载体、内容的多元化和教学材料品牌的多元化。随着我国英语教学改革的深入发展，过去教科书较为单一的情况已得到完全的改变。目前，在图书市场上英语的教科书、参考资料、教辅资料等品种多样、数量丰富，除了本土编写的教学材料外，引进的原版英文图书也越来越多。在纸质教学材料不断增量的基础上，还出现了各类电子文本的教学材料，数字化技术的发展和应用使得英语教学的音像资料实现了大规模的发展。我国的英语教育已从过去单纯的一般英语向各种专业、行业的英语发展，实现了教学内容上的多元化。英语教学材料也由过去少数老字号品牌垄断，转变为多品牌竞争的局面。

（五）标准英语的多元化

在英语发展的早期阶段，通常将英国英语作为标准英语。第二次世界大战后，随着美国的崛起，美国英语的影响力也越来越多，对英国英语的地位提出了挑战。20 世纪末，英语作为国际通用语言的地位得以确立，标准英语的概念逐渐淡化，“国际英语”或“世界英语”的概念出现。以中国国际广播电台的英语播音员为例，既有来自母语为英语的各国人士，也有我国的本土人士。不同国别的英语也在我国的英语教育市场中相互竞争，英语的教育规范也变得更加多元化。

（六）教学模式的多元化

英语教学模式的多元化可以从理论和实践两方面来论述。

从理论上来说，各类新的教学模式和构想不断产生，如“3D外语口语教学法”“写长法”“延续性写作教学模式”“立体化教学法”“多边性的大学英语教学模式”等。从国家方面来说，有教育部在《全日制义务教育普通高级中学英语课程标准》倡导的“任务型教学途径”和《大学英语课程教学要求》中推出的“基于计算机和课堂的英语教学模式”。

从实践上来说，不同的地区、不同的学校所采用的教学模式也各有不同。既有传统的听说法、语法翻译法，又有以交际思想为主的任务法等。有的英语教师在课堂上以传统的教学方法为主并实现传统方法的创新，有的教师则对流行的教学模式较为青睐。从我国的英语教学的实践来说，多元化已成为英语教学模式发展的主要趋势。

## 三、语言学视角下的英语教学发展

英语教学与语言学两者之间存在密切的关联，两者相互影响、相互推动。语言学中包含认知语言学、社会语言学、应用语言学等，因此，将语言学与英语教学相连接是非常有必要的。英语的交际性教学中很大部分取决于应用语言学所提出的理论性观点，而社会语言学强调的是教学的方式、价值以及理论。在学生进行英语学习时，语法与词汇是最为基础的理论性知识，还需要同语言学相结合，促使语言学与英语教学间的联系大大加深，这更有助于英语教学质量的提升。

（一）重视对学生交际能力的培养

对学生交际能力的重视与培养，是当前我国大学英语教学的重中之重。交际能力由美国的语言学家提出，主要由不同场合中运用不同语法、懂得如何说话能让人接受、懂得什么场合说什么话、能够清楚地展示自我情绪四个方面组成。语言学在应用中的最终目标是让学生能够运用自己学习的语言进行实际的交际活动，但是在我国的英语教学中忽略了这一点，使得我国学生应用英语进行交际的能力逐渐下降。

造成这一现象的主要因素除了对交际能力的忽视，还包括语言环境的缺乏。交际能力的培养离不开环境的熏陶，只有在环境的衬托之下才能促使语言技能的强化与提升。我国大多数高校一直遵循传统的英语教学模式，学生在课堂中的交流受到限制，对知识的运用程度也大幅度减少。

因此，教师在进行教学时要为学生建立一个良好的语言学习环境，增加学生之间的交流与沟通。教师应用情景创建方式，以此为基础创建一个良好的学习氛围，让学生在这期间掌握沟通的技巧，并学会应用英语词汇。例如，教师创建一个外企环境，让学生扮演企业中的不同职位，让学生全身心地投入到这个氛围之中，主动地学习与交流，通过这种形式让学生得到应有的锻炼，增强自身交际能力的同时又提升了英语能力。

（二）文化教育与语言教学的科学结合

语言学的主要出发点是让语言的社会性质凸显，其中不可忽视的是其具有的社会属性与文化属性，这两个属性在一定基础之上能让语言变得更为得体。教师在进行实践教学时，要注重学生说话的语意，教学生在不同的场合说什么样的话。除此之外，教师在进行英语教学时要对其中的文化进行科学的分析，让学生更加了解语言，进而了解文化，使学生从文化中知晓英语语法运用中的错误，也只有这样才能提升语言交际效果。

根据高校的实际教学状况来看，教师要采用以上教学手段，首先要让学生加深对语言背景的学习，以此为基础向学生介绍语言背景方面的基础知识，让学生清晰地了解到英汉文化以及语言的差别，进而培养学生对得体语言的应用。除此之外，教师还要注重对学生英语语篇意识的养成，让学生对英语学习更加重视，并清楚了解每一种语言在交际单位中的重要性及作用。当然，在这个教学过程之中，教师也不能忽视对英语词汇、语句的讲解与学习。

# 第三章　语用分析与英语教学研究

在日常生活中，人们的交际总是带有一定的目的性，因此在交际中，只有正确理解说话人话语的含义，并遵守一定的交际规则，才能够顺利地完成交际并达到目的。对于我国学生来说，在跨文化交际中，必须要注意社会、文化、语境等方面的因素，否则就容易导致语用失误，对交际造成影响。由于我国传统的英语教学偏重语法知识的讲授，这就造成了学生的语用能力不强，要解决这一问题，就需要加强对学生语用能力的培养。因此，在英语教学中，必须重视语用分析的作用，增强学生的语用理解能力，这样就能避免学生在跨文化交际中出现语用失误，保证顺利完成交际。

## 第一节　语用分析的内涵

人们在交际中是有一定意向的，并且围绕意向开展交际活动。语言交际是一个认知推理过程，但是在交际环境、思维方式、文化差异等因素的影响下，人们有时会对交际中话语的隐含意义产生错误的理解，难以准确地达到交际目的，导致交际的失败。要正确理解交际的话语，就必须以语用内涵为基础。离开了语用内涵，就难以正确理解话语的隐含意义。因此，对英语话语的语用内涵进行讨论显得十分必要。

在一般情况下，交际的双方在交际过程中是相互配合的，体现了对合作原则的遵循。合作原则要求交际双方使用语言较为简练、条理清晰，不存在晦涩歧义的语句，不存在误导对方的现象。但是实际中，交际的双方不一定会完全遵循合作原则，导致交际双方在交际中的不配合与误导。

语言交际作为一种社会活动，也受到礼貌原则的约束。礼貌原则主要涉及交际的双方，在礼貌原则下，听话人拥有较大的余地，对其较为有利，违背礼貌原则的交际则相反。但是，礼貌原则的应用需要注意场合，在某些特定场合使用非礼貌用语要比使用礼貌用语更合适。例如在与家人喝咖啡的场景下，如果你想要加糖，“Pass me the sugar.”就比“Would you mind passing me the sugar？”更合适。因为，对于家人来说，使用客套的委婉语会使得对话显得过于正式和客气，显得见外。在一些紧急或危险的场合也应该使用非礼貌话语，例如在火灾的场景下，为了救人，应该使用“Fire！Get out！”这样的话语，而不是“Fire！ Might I possibly ask you to leave the building？”这样的礼貌用语。此外，还应注意到，礼貌用语除了表达礼貌，有时也可能表达对对方的请求、不满等。

语言是一种社会现象，是文化的载体，因此其必然受到社会文化语境的制约。非语言语境较为负责，总的来说，可以将其划分为情景语境和文化语境两部分。对于英语教学来说，对于文化语境较为重视。在交际活动中，说话人说话的内容、时间、地点、方式等都会受到社会文化因素的影响。因此如果脱离社会文化意识的基础，就难以理解语言中隐含的独特的社会文化意义，无法达到交际目的，导致交际的失败。

以“She is Chomsky.”这句话为例，其字面意思为“她是乔姆斯基”，但学习过英语语言学的人都知道乔姆斯基是美国著名的语言学家，是“转换生成语法”学派的代表人物，因此这句话隐含的意思是“她是个语言的天才”。

英语的话语具有丰富的语用内涵，要准确理解英语话语必须以语言因素和非语言因素为基础，即语言语境和非语言语境。其中，非语言语境对于语言隐含含义的理解具有决定性的作用。因此，单纯从语言语境是不能完全理解说话人的话语的，必须充分利用情景和文化语境，对说话人的话语进行认知推理，分析其话语内涵，成功达到交际的目的。

## 第二节　语用理解与英语教学

### 一、语用理解

对语言知识的掌握和语言能力的理解决定着语用理解的能力。这其中，语言能力的理解又是一个较为复杂的心理认知过程，其复杂性表现在言语交际受到场合、社会、文化等因素的制约，说话人的话语组织依赖于听话人在特定交际环境中的语境假设能力及推理能力。语用理解能力的提高还会带来表达能力的提高，语用理解以语境为基础，脱离了语境也就无所谓语用理解。

#### （一）语境与理解

理解是在语境中发生的，因此语用理解有赖于语境。语境不仅包括交际过程中的上下文、即时环境等具体因素，还包括个人的认知，如已知事实、假设、信念、认知能力等。因此，语境是一个不断变化的动态概念。无论是本族语还是目的语的交际，都发生在一定的语境之中。通常来说，语境可以分为以下三个方面：①语言交际语境，即交际中的上下句或文章的上下文。②情景语境，即交际双方在交际中所处的客观环境，包括时间、地点、话题、双方关系等因素。③背景知识，即交际双方的认知环境，包括双方的经历、知识、文化背景等。

语境中的任意因素都会对交际双方对话语的理解造成影响，无论是语用含义的表达还是语用的理解，都需要借助语境。当说话人的话语概念模糊或者在表达含义时使用了意义不明确的词语时，就需要在语境的帮助下理解对方所使用的语言的必答方式和语用策略。

例 1：

A：What time is it？

B：Well，the postman has come.

在上例的对话中，如果 A、B 属于邻近关系，那么他们双方都知道送信的确切时间，即双方拥有共同的知识背景，那么通过 B 的回答，A 就能推测出确切的时间。但如果双方是其他关系，A 就不能够理解 B 的回答的真正含义。

例 2：

You are a good boy.

上例的字面意思为你真是一个好孩子，但在特定的语境中，如孩子做了错事，则这句话所表达的真正含义则是与字面意义相反的含义。

### （二）跨文化因素与理解

人们在潜意识中往往会受到母语的文化规约和文化依附力的影响，因此在交际过程中，人们往往会无意识地从母语文化的角度出发，以母语的相应形式使用或理解目的语，这就造成了跨文化交际中的误解和冲突。

例如，在跨文化交际中，有的人可能受母语文化的影响，为了表示礼貌而在交际中频繁使用“you sit there（你坐这儿）”“Don’t go too fast”（请慢走）等句子，而在外国人看来，这些句子类似于训小孩，不仅不能体现甚至有损说话人的礼貌，对交际造成负面的影响。

还有，中国人在面对外国人的致谢时，愿意使用“I should do it”（这是我应该做的）进行回答，这一回答的字面意义明确，也无语法错误，但在外国人看来难以理解，这主要是由于中西文化差异造成的。此外，中国人会使用“Have you eaten？”（你吃饭了吗？）同外国人打招呼，由于中西方的文化差异，西方人难以理解其中隐含的意思，从而造成跨文化交际的误解。

这说明，在跨文化交际中，除了发音、词汇、语法等相关的语言知识外，民族和文化差异也是导致交际误解的重要原因。仅仅掌握语言知识并不足以完成交际，跨文化交际还受到语言和文化的制约，而这两方面的差异正是导致误解产生的根本原因。

## 二、语用能力的培养

学习外语的目标是要使外语的使用达到本族语使用的熟练程度。本族语的使用需要具备语言和社交能力。语言能力包括语言组织能力和语用能力两部分，其中语言的组织能力又包括语法和语篇两种能力，而语用能力则指的是对语言的熟练使用和技巧的掌握，也就是社交语用能力。在语用学理论下，对学生语用能力的培养应改变过去被动的、脱离语境的学习方式。

### （一）在语境中培养语用能力

语言运用的环境对于语言的理解具有关键的作用，语言的语用环境包括内部的认知环境和外部环境，外部环境通过对内部认知环境发生作用，从而使人们建立起理解话语的心理模型。部分语言学家强调语言环境的作用，认为只有了解说话人在特定的环境里使用话语来进行的活动才能真正理解话语。语用学家也认为只有结合语境才能真正理解话语所表达的意图。对于英语学习者来说，他们将大部分时间和精力用于单词、语法的背诵和学习，并参加各种语言考试。经过学习和考试，他们已经掌握了大量的语言知识，具备了较高的英语水平。但是在实际的交际过程中，还是会出现用词不准确、语言不得体等各种问题，即英语学习者语言能力高、语用能力低的现象，造成这一问题的主要原因就是学习者在学习的过程中脱离了语境。实际上，在英语学习的过程中，对于语言单位的选择、意义的表达对于理解语境始终发挥着制约作用。要准确理解词语和句子的意义，必须联系上下文并结合特定的语境。语境与交际场合有着密切的联系，因此，英语学习者必须将所学的词汇和语法知识放到交际场合中接受检验和辨别。要提高语用能力，英语学习者应充分利用各种场合进行英语的交际活动。

### （二）在教学中培养语用能力

#### 1. 培养语用的准确和得体

语言社会化理论强调语言的使用应达到意义的准确、恰当、有效，这一观点也符合语用学的要求。语用学的目标就是要达到语言使用的正确和得体，在英语教育中，要达到这一目标，除了要在自然环境中为学习者提供和创造更多的接触目的语的机会，同时还应在课堂中对学生的语用能力进行培养，如在课堂上组织学生间进行目的语的交流与互动，通过对目的语的联系提高学生的语用能力，使学生的目的语使用达到准确和得体。语言的准确即语用中用词的准确和语法的合规，得体即在一定的语境下使用合适的话语。语言强调的是得体，但是并不代表对准确性的忽视。例如，在某些交际场合中，虽然存在一定的语法错误，但并不会对交际的进行造成影响，这就说明在某些情况下，即使具有语法错误，但语句仍具有交际价值。在某些交际场合下，即使语句使用准确，但却是不得体的，例如在面对不熟悉的外国人时，使用“How old are you？”询问其年龄，虽然语句准确，没有语法错误，但是所使用的话语是不得体的。

因此，对于英语教育来说，应重视在教学中对学生语用能力的培养，具体可以从以下三个方面开展：①由教师提供语用信息，凸显目的语的语用特征，并引导学生注意到这些特征，培养学生的语用意识。②在教学中结合使用演绎法和归纳法，增强学生的语用能力。通过演绎法向学生提供不同语境下某一语用特征的各种用法和功能的语用知识，培养学生的语用认知。通过归纳法，以举例、讨论、纠错等方式，让学生总结语言规则，从而达到语言语用的准确和得体。③注意跨文化交际的语用区别，区分问候、请求、建议等不同情境下言语行为的使用。

准确和得体是语言表达的两个重要方面，二者都十分重要，缺一不可。因此，在英语教学中，必须重视对学生语言使用的培养，使其能够准确、得体地使用英语，提高学生的表达能力。

2. 避免语用失误

语用失误就是听话人不能理解说话人话语的真实意图，也可以解释为语言使用的失效。语用失误可以分为语言失误、社交语用失误、语用行为失误三种类型。语言失误即说话者以母语转向目的语时所出现的不恰当的语用策略；社交语用失误即由于社会、文化背景差异所导致的语用失误；语用行为失误即言语行为的文化差异所导致的语用失误。在托马斯看来，在实际的交际中，说话人在话语上出现语法错误，只能认为是其“说得不好”，而话语违背语用原则则会被认为是“表现不好”，造成听话人对说话人的负面印象。由此可见，出现语用失误会对交际造成严重的影响。

因此，在英语教学中应尽量避免语用失误，应对出现的语用失误进行及时的纠正。语言与文化有着密切的关系，因此要避免交际中的语用失误可以从文化学习的角度入手，通过各种教学材料对英语国家的文化进行讲授，使学生了解中西文化差异，培养学生的文化差异意识，避免因文化差异造成交际中的语用失误。

## 三、语用理解与英语教学

语用学研究的意义是一个词、一句话在特定的语境中所具有的交际价值，也就是以句子的字面意义为基础衍生而来的言外之意。语义意义的理解是语用意义理解的基础，但对语用意义的理解有赖于语境。语用意义在语境的作用下与语义意义相差甚远。

在英语中有一句话“No context，no text.”。“context”一词不仅是上下文的含义，还拓展到“the situation，background and environment relevant to a particular event，personality，creation etc.”即对于某事、某人、某作品的一切有关情况。它形象地说明了语境与语义理解之间的关系，即语言含义的理解不能脱离语境。结合语境对语言含义进行分析除了语言因素外，还包括各种非语言因素，如语言使用者的自身因素（性别、年龄、受教育程度、职业、语言风格等）以及交际的背景因素（时间、地点、场合、方式、内容等），这些因素都对于言语的表达发挥着重要的作用。

将语用分析应用于英语教学的目的就是要准确理解语句、话语的意义，要实现这一目的就应做到结合上下文、相关背景以及各种因素对其进行全面的考虑。下面以《大学英语精读》中的《礼物》（*The Present*）一文对语用理解在英语教学中的重要性进行分析。

### （一）语言因素的作用

在《礼物》一文中，编者做了“血浓于水，即亲情重于优于友情”的注解，对本文的教学进行了思路的引导。在老太太生日的当天，所有人都对她非常好，她的女儿应会做出更大的努力以表现超出其他的人的对于自己母亲的好。但是在句子的末尾使用了问号，从而在语义上表现出了质疑，暗指其中隐藏在不确定因素。

此外，文章使用了一些典型的英国英语词汇如“flat”“postman”“the ground floor”，根据这些词汇的使用可以推测出作者是英国人，文章的背景发生在英国。文章中的“the second floor”，可以理解为第三层楼。对于“on the rare occasions”，结合语境可知她平常很难收到信件，因此其中隐含着她与女儿以及亲戚朋友的交流较少，因此她十分孤独，这也是“She got up early to be ready for the post”的原因。

### （二）语言外因素的作用

结合上下文可以了解到 Enid 未婚，“but had seemed content to live with her mother”一句表示她与母亲生活在一起是很满足的，这隐含着 Enid 与母亲之间浓厚的亲情。在了解这一句时，教师应对西方社会的相关文化背景进行介绍。与中国社会的天伦之乐不同，西方社会追求独立，一般情况下子女不会与父母住在一起，而由于经济能力的限制，有的老年人难以住进养老院，因此他们往往十分孤独。

对于大学的英语教学来说，学生往往已经具备了一定的语法知识，因此在教学中，教师在进行语法教学的同时还应重视语用分析和语用理解，因为学生对于词句的不正确理解大多是由于对于相应的文化背景不了解造成的。

## 第三节 语用分析在英语教学中的应用与意义

### 一、语用分析的应用

（一）对词语的语用分析

在对词语进行语用分析时，必须将其置于特定的语境中，分析词语的言外之意。若脱离语境，机械地按照字面意思对其进行理解，就会使语用分析变得牵强。以“ambition”一词为例，用于不同的人其意义也不同，如用在爱迪生身上，其意义为“雄心壮志”，而用在希特勒身上则应理解为“野心”。对于词语的语用进行分析时，不能脱离语境孤立地进行。

例 1：

…and the young people took over window seats on the right side waiting for the approach of the great oak tree.

年轻人占据了右边车窗的位子，期待着大橡树的出现。

本例出自 *Going Home* 一文，结合整篇文章可知，这群青年在旅途中遇到了假释回家的犯人文戈。通过交谈，他们了解到文戈在监狱中曾写信劝妻子改嫁，在假释后，他又与妻子约定，如果妻子愿意接纳他，就在镇口的大橡树上系一条黄手帕。在谈到这棵橡树时，文戈使用的是“big”一词，而作者在末尾则使用了“great”一词，在这里“great”不再是“伟大”的意思，而是“of great meaning，importance”，“great”一词意味着文戈幸福家庭新的开始，是其人生的重要转折点。

例 2：

…because you are so goddamned educated，Doc，I know you couldn’t be very smart.

因为你受过如此良好的教育，博士，我知道你就不可能如此机敏。

本例出自 *What Is Intelligence，Anyway*？一文，作者自恃智商很高，但是对于坏掉的汽车却表现出了无助，并被修理工常识性的测试难倒。“goddamned”一词原本的意思为“诅咒、厌恶”，表示消极的意义。但是在文中却表达出褒义的意思，相当于“well”“excellently”。结合文章分析，“goddamned”一词有两方面的意思，一是修理工对于作者渊博学识的崇拜，二是其对于这种纯粹的理论性知识的不屑，展示出一种“far too good to be good”的观点。

在英语中有些词语在词义上具有共性，但在侧重点、程度等方面有所不同，这些词语应用在不同的语境中，使文章变得更加传神。

例 3：

…I bounded up the steps. Burst into the living and flipped on a light.

我蹦蹦跳跳地上了楼，一阵风似的冲进屋子，“啪”地一下拉亮电灯。

本例出自 *The Day Mother Cried* 一文，当作者回家时，父母和妹妹都因各自的事情而外出未归，作者可以独自享受家中的宁静，沉浸在自己喜爱的体育杂志中，喜悦之情溢于言表，作者连用了“bounded up”“burst into”“flipped on”三个动词词组表现出了作者作为一个十几岁的男孩的孩子气以及不加掩饰的喜悦和急迫的心情，使人物构造形象生动，而使用其他动词就难以取得这样的表达效果。

例 4：

…I approached her cautiously…I reached out and put my arms around her…I held her close…

我悄悄地走近她……我伸出手去，抱住她……紧紧地抱住她……

本例同样出自 *The Day Mother Cried*，这一句表现出了作者因母亲的痛哭所经历的对于母亲由远及近的心理历程，并通过空间距离上的靠近表现出作者与母亲在心灵上的靠近。

例 5：

He jumped back as if he had been stung，the blood rushed into his face.

他猛地向后一跳，像被蜂蜇了一样，血脉偾张，双脸通红。

本例出自 *The Sampler* 一文，结合文章可知，这位老者因家道中落，只能到超市以品尝布丁为由填饱肚子。为了掩饰自己的目的，老人装出一副认真挑选的样子，表现出了购买的意愿。因此当作者对其进行礼貌的询问时，老人自尊受到的伤害远超作者的想象。“jumped back”“stung”“rushed”的使用生动地表现出了老人的窘迫，满脸涨红、神情尴尬的老者形象跃然纸上。

（二）对语句的语用分析

美国著名心理学家奥苏贝尔（D.P. Ausubel）提出了意义学习论，并提出了两个先决条件即学习者对相对认知结构的同化和对于意义学习的意向。在教学中，前者属于认知因素，即学生能够掌握相关知识；后者属于情感因素，即学生是否愿意掌握相关内容。文章都会揭示一定的情感主旨，进行语用分析则是起到了对情感主旨的烘托和升华，从而使读者与作者产生情感上的共鸣。从这一角度来说，语句的语用分析就是从情感因素的角度对教材进行优化处理，并以此提高学生的认知学习效率，促进学生人格的发展，使英语教学达到最优的效果。

例 6：

It was covered with yellow handkerchiefs 20 of them，30 of them，maybe hundreds，a tree that stood like a banner of welcome billowing in the wind.

树上绑满了黄手帕——二十、三十、几百，大橡树就像一面欢迎的彩旗在风中迎风招展。

文戈在回家前告诉妻子，如果她还愿意接受他，就在镇口的大橡树上绑一条黄手帕。当一路上都忐忑不安的文戈走近镇口时，他发现的是几十甚至几百条的黄手帕在风中飘舞，像是在欢迎他的归来，邀他立即回家和妻子团聚。在这里，二十、三十，甚至几百条黄手帕隐含着多年以来妻子一直真诚而急切地盼他归来，风中翻腾的旗帜更是将这种思念之情加以深化。当我们以层层递进的感情去朗读“20 of them”“30 of them”“maybe hundreds”这些词语时，会深深感受到妻子对失足丈夫的忠贞不渝的爱和盼其归来重新做人的渴望。

例 7：

She looked at the boy standing awkwardly as near the door as he could be and still be inside the house.

她看了一眼信使，那男孩正难为情地想努力站在门口，好像随时准备逃走，但却还是站在了屋内。

一位年轻的信使为一位老太太带来了儿子阵亡的消息，面对着老人却一时不知如何开口。“我只是一个信使，很抱歉不得不告诉你这样的消息，但这是我的工作。”这些在内心准备了很久的话此时却一个字也吐不出来，于是他尽量地站在门口，准备完成他的工作后就立即离开，但面对着这么一位孤苦伶仃的老妇人，他却实在不愿意以这么简单的方式结束他的工作，内心感情的交织使他做出了这种欲退还留的举动。最终他留了下来，决定陪伴老人的余生（如果老人愿意）。通过一位老人的视角，在对年轻信使复杂、矛盾行为的描写中，作者扬善颂德的目的体现得淋漓尽致。

例 8：

“Don’t think，” I said. “Just take it easy.”

“I’m taking it easy，” he said，and looked straight ahead. He was evidently holding tight onto himself about something.

“别想了，”我说，“放松，别紧张。”

“我没有紧张呀，”他说，眼光直视着前方，明显地，孩子因为什么事情而全身紧绷着。

儿子和父亲从文章一开始就对摄氏温度与华氏温度产生了误解，以至于孩子认为他即将死亡，而父亲却若无其事地带着猎犬去打鹌鹑。这里第一句中“it”指出孩子的体温（华氏 102 度），第二句的“it”指的是“death”，表明孩子对死亡的满不在乎，父子之间的简洁对话使我们认识了作者对紧凑有力的语句的驾驭能力，后文的“He had been waiting to die all day，ever since 9 o’clock in the morning”（从早上 9 点以来，他原来一直在等待死亡）一句，明化了父亲和儿子间这种误解，使我们了解到作者对文章中两段景物描写的匠心独运。

例 9：

We were spared a bomb tonight…but I wonder if we weren’t destroyed even without it.

我们今天晚上躲过了一颗炸弹，但我怀疑即使没有炸弹，我们也会被摧毁。

一群人在被警告有敌人炸弹袭击的情况下聚集在邻居斯托克顿家的防空洞前（仅能容纳 3 人的街道上唯一的防空洞）寻求庇护，他们之间就此相互埋怨、谩骂、殴打，以致防空洞的门被撞坏，甚至连满口仁义的韦斯和哈兹也加入进去。平时平和亲近的街坊之情荡然无存，但当危机结束时，他们却戴上了虚伪的面具，提出举行街坊聚会，赔偿斯托克顿的损失。作者借斯托克顿的这句话表达了这样一个观点：人们平时都带着伪装的友善，但在这层表面之下，他们是一群赤裸裸的动物，他们认为生存是如此的重要，以致在危急关头，会为了这个特权而不惜互相残杀，露出其本来面目，这就是人的本质，从而表现出他对虚伪人性的鞭挞和痛斥，以及对真诚亲善的推崇和褒扬。

从以上分析可以看出，在日常教学中，教师有意识地对某些句子做一些语用分析，能够从情感角度帮助学生更准确、更深刻地理解课文，增强学生对学习的兴趣，进一步提高其阅读理解能力，这对学生语言学习的积极作用是不可低估的。

## 二、语用分析在英语教学中的应用

英国哲学家奥斯汀认为，语言除了表达作用之外，还有多种非表达作用，而说出的话语不只是表述，而是实施一种言语行为，他强调言语本身就是一种行为，有其意向和目的。于是奥斯汀提出了著名的“言语行为三分说”，即把言语行为区分为言内行为、言外行为和言后行为。英国语言学家塞尔进一步发展了奥斯汀的理论，认为讲一种语言就是完成一系列的语言行为。不论是奥斯汀的三种类型的言语行为分类还是塞尔的直接言语行为和间接言语行为分类，都说明了：学习语言不仅仅与语言知识本身有关，还和言语的表达效果有着密切的联系。语言的学习过程是说话人与听话人相互交流的过程；是靠双方共同谙熟的背景知识，特定的时间、场合，彼此的文化素养、知识水平等诸多方面的因素来共同完成的。

### （一）语境假设能力的应用

语境假设能力指根据语用前提进行正确理解话语的能力。有人说前提是说话人对话语的语境所做的设想，也有人将交际双方共有的知识称为前提，但无论如何，人们都认为前提是交际双方共有的背景知识，基于这种知识听话人才有可能理解说者的话。语用前提实际上存于语境中，是语言的一部分。对成功的交际者来说前提至关重要，因此培养语境假设能力是语用能力培养的前提。

### （二）语用推理能力的应用

语用推理能力是理解话语的又一重要能力。日常会话中人们往往不直接表达自己的意图，而以某种形式暗示。如何理解间接话语中的“言外之意”呢？语用学称之为“会话含义”。在理解过程中需借助共有常识、理解能力等。在《关联性：交际与认知》提出三种推理手段：由语境假设和暗含前提经推理得出暗含意义；明示—推理交际，即听话人从明示所提供的信息中推断出说话人的意图；通过最佳关联推导会话含义等。

### （三）语言运用能力的应用

语言运用是语用学研究更为重要的方面。语言主要是一个交际工具，知道如何得体地运用语言格外重要，但外语教学长期忽视语言运用能力的培养，使语言运用成了学习者最薄弱的环节。通过语用学审视语用能力，我们发现了语境把握能力、语境假设能力、语用推理能力以及语言运用能力等，理解这一点对改变我国外语教学中普遍存在的口头交际能力差这一现实有理论指导作用。

语用学理论对外语教学具有指导意义。在语言教学方面，他可应用来解决语言结构功能的问题，即对语言进行语用分析，解决语言结构的差异及其使用原则，也可应用来解决外语教学中因文化差异而引起的一系列语用失误问题，探讨语用的社会因素，从而提高学生的话语理解和交际能力。

下面就语用学理论在教学中的运用举例说明。

1. 语音教学

语音的语义信息是通过语音这种物质载体来表示的，其中重读和语调是传递语义信息变化较多的语音手段之一。在日常生活中，人们通过语言交流形成的语境不仅与话语内容有关，而且与讲话人的语音语调也不无关系。说话人因语义表达的需要，对同一话语中不同的词重读则会有不同的含义。

例 10：

'Put on your coat.（穿上你的大衣而非脱掉）

Put on 'your coat.（穿上你的大衣而非别人的）

Put on your 'coat.（穿上的是大衣而非别的）

语调是指说话时声音音调的变化所造成的旋律模式。它是句子层面上表达语法意义的一种手段，还能生动地表达说话者所说内容的各种态度和情感。

例 11：

Tom can speak good English. ↘（该句表示一种肯定的态度，故要用降调）

Tom can speak good English？ ↗（该句表示一种怀疑的态度，故要用升调）

由此可见，语调所传递的信息是超出词语以及整个句子所传递的信息的。由于正确的语调在整个句子中起着举足轻重的作用，我们应该在教学实践中把语调这一内容看得如同语义和语法一样重要。在语音教学中，如果学生不能区分那些容易导致歧义的语音，就必须加以纠正。

2. 词汇教学

词汇是语言的基本要素，是语言信息的载体。当人们听到一个词时，就会想到它的意思，并将意思与客观事物联系起来，在头脑中形成一种意象。但是语言中的民族特征会由词汇反映出来，所以同是一个词，在文化背景不同的人的头脑中反映出的意象和联想却可以不同，因此选词不当就会引起语用的失误。例如："dragon"（龙）在中国是我们的精神图腾，是吉祥和权力的象征，中国人也以作为龙的传人而倍感自豪，然而在西方人眼里，对"龙"

就没有这份特殊的情感，甚至将“龙”理解为一种张牙舞爪的怪物。同时，在词义的理解和使用过程中，语境起了十分重要的作用。在不同的语境中，词汇都会有特定的含义。如“white”在英语里的意思是“of the color of fresh snow or common salt”，汉语译为“白色的、白的”，但英语学习者对“a white lie”就不易理解了。难道谎言还有颜色吗？当然不是，它的正确意义是“不怀恶意的谎言”。因此，在词汇教学中不仅要求学生用词合乎语法习惯，还要注重文化内涵的介绍，让学生了解其文化；也要注意同一词在不同的语境中的不同意义，辨别用词的准确性，从而使学生能够正确地、得体地用词，达到有效的交际目的。

3. 语境与语法教学

脱离具体的语境去研究语法知识必然使其失去活力。大学生们经过中学六年的英语学习，对英语中动词的各种时态结构了如指掌，但写出的句子或说出的话不一定达意。如果忽视语境，其动词形式很可能出错。

例 12：

Tom will go and see his uncle tomorrow，they（not see）each other since he left Beijing.

Tom saw his uncle yesterday.They（not see）each other since he left Beijing.

如仅从 since 从句判断，动词的时态当然用现在完成时，但 A、B 两句显然具有不同的语境。不难看出，前者应使用现在完成时，后者应使用过去完成时。

又如，直接引语转换成间接引语常伴有人称、动词时态及时间、地点状语等的变化，但如果当时当地转述，则不存在此类问题。

例 13：

A：Please bring your book here when you come tomorrow.

B：Pardon？

A：I told you to bring your book here when you come tomorrow.

## 三、语用分析在英语教学中的意义

培养学生的交际能力是英语教学的目的，在交际能力中，语用能力是其中的重要组成部分，语用能力的培养在英语教学中占据重要的地位。当前，大多数学生掌握了较为充分的语言知识，但是在交际实际中却难以达到理想的效果，最根本的原因就是学生语用能力的缺失。语用能力的不足会导致学生在交际中出现语用失误，影响交际的进行。

### （一）有利于培养学生的语言能力

交际能力以语言能力为基础，要具备一定的交际能力，必须掌握标准的语音和语调、丰富的词汇、准确的语法等知识，并能够将这些知识灵活、恰当的应用，离开了这些就无所谓交际能力。在掌握这些语言知识、规则、体系的基础之上，在交际中还需要掌握一定的非语言知识，如文化、风俗、宗教等方面的知识。只有充分掌握基础的语言知识和必要的非语言知识，才能够培养英语学习者的语言能力。

语用失误指的不是在遣词造句中的错误，而是在交际中语言语用的不恰当或由于方式、习惯等因素导致的交际中出现的失误。在跨文化交际中，语法的错误虽然也会对交际造成一定的影响，但是这类错误属于表层结构的错误，容易被对方识别，且容易得到对方的容忍和谅解，而语言失误则容易造成对方的误解，影响交际的进行，甚至引发冲突。

### （二）有利于培养学生的自主能动性

在语义的理解中，语境发挥着决定性的作用，医此许多词语离开特定的语境就会产生歧义。将英语教学与语境相结合，能够为英语教学的教材增添活力，使学生了解和掌握词语在语境下的意义和功能；并且有利于学生将在语境下学习到的语言材料应用到其他的语境中，使学生能够灵活地在变化的语境中运用语言。在英语教学中，需要特别关注语用能力的培养，但是有的英语教学者对于是否需要对语用能力进行教学或者语用能力是否会随着语言知识能力的掌握而自然发展存有疑问。造成上述疑问的原因主要有两个，一是语言知识所具有的普遍性，二是可以部分外语的语言知识可以从母语中成功迁移。

### （三）有利于创造英语学习的语言环境

英语教学是为了培养学生的英语使用能力，学生只有在实践中使用英语才能逐步培养这种能力，因此学生应在课外大量进行英语的实践活动。作为英语学习的主体，培养学生的自主学习能力对于其语用能力的提高具有重要的作用。只有在学习中表现的积极主动，才能够取得理想的学习效果。如果学生自身缺乏学习的兴趣和积极性，即使教师再努力教学，也难以取得理想的效果。

曾有国外学者针对高级外语学习者对“言外之意”的理解程度进行了调查研究。结果发现在 27% 的例子中外语学习者与本族语者的理解不同。他们在四年后进行了再一次的调查测试，结果发现被调查的外语学习者对“言外之意”的理解成功率达到 90% 以上。这些调查对象具有较高的语言能力，但是语用能力较差，而他们的语用能力较差并不是由于文化抵抗等因素导致的。这也证明了语用能力并不一定会随着语言能力的提高而提高，教学介入对于外语学习者语用能力的培养具有重要意义。

# 第四章 英语教学中的语用分析探究

英语教学中的语用分析，就是对英语的语言现象进行分析，下面主要从委婉语、情态动词、被动语态等语言现象进行语用分析，使学生能够准确理解英语中各种语言现象的语用功能，在跨文化交际中能够对其进行灵活使用。

## 第一节 英语委婉语的语用分析

### 一、委婉语概述

各民族语言中都有委婉语，它也是一种在社会上普遍存在的语言现象。委婉语是人们在交流过程中为了避免那些粗俗的、令人尴尬的、引起不适的事情，或者委婉表示生活中不好说或不能说的话时所使用的语言，使用委婉语能够避免引起他人的不悦以及由此引发的矛盾和冲突，具有协调交际双方关系，促进交际顺利完成的作用。因此，在英语教学中加强对委婉语的学习，有利于加深学生对西方文化的了解，提升学生的文化素养，增强他们的跨文化交际能力。

在英语中用“euphemism”一词表示委婉语。语言学将委婉语作为一种修辞方式，并将其列入修辞学，有的语言学界用“kind words”或“good words”表示委婉语。在语言交流或者写作的过程中，有些表达可能是粗俗的、伤人的、逆耳的，这些较为直率地表达可能会引起听话人或者读者的不适或使其感到受伤害，因此通常用那些委婉的、礼貌的、说得出口的方式对这些难以说出口的话语进行代替，以使对方感到舒服。例如用“eternal rest”代替“death”，用“demise”代替“the death of a king or an emperor”，用“pass away”代替“die”，用“unmentionables”代替“women’s underclothes”等。委婉语的使用应出于真诚，否则就会表现出虚伪，造成对事实的歪曲或者表达的含糊其词。

现代意义上的委婉语不仅指这种语言本身，它更是一种间接语言行为并且还涉及社会生活的各个领域，从军事到政治，从学校到家庭。委婉语随着时代的变迁而发展到今天。现代社会语言中，判断一个词是否是委婉语需要看其语境。从某种程度上说，它是社会和文化的反映。事实上，委婉语也是一种间接语言。在某种情况下，说话者想让听者根据共有的文化背景去理解他的意思。比如当一个人说，“Could I ask where the restroom is？”他所提出的不再是对于洗手间位置的询问，而是间接发出去洗手间的请求。

## 二、委婉语的特征和分类

### （一）委婉语的特征

作为一种普遍的语言现象，委婉语具有民族性、地域性、语域性、时代性、间接性、幽默性和口语化等特点。

### （二）委婉语的分类

委婉语可以分为夸张性和缩小性两种类型。其中，夸张性委婉语是指那些拔高对方的委婉词，从而使对方产生愉悦的感受，如把“madhouse”叫作“mental hospital”，把“hairdresser”叫作“beautician”，把“strike”叫作“industrial action”，把“doorkeeper”叫作“janitor”等；缩小性委婉语则是对语言中那些难听的、忌讳的、程度严重的词语进行较为缓和的表达，如把“economic crisis”叫作“depression”“recession”“stagnation”等。

## 三、委婉语的语用功效

### （一）避讳功能

在言语交际中，人们常常出于对禁忌语的避讳而使用委婉语进行交流，对禁忌语进行避讳也是委婉语的一项主要功能。禁忌语是指在交际中，出于某种原因，说话人不愿、不能、不敢使用的那些具有联想色彩的、令人不悦的词语。在交际中使用禁忌语会导致对交际氛围的破坏，因此，人们通过委婉语的使用，使对方能够接受自己所表达的言语，保证交际在和谐、融洽的氛围下顺利进行。例如，对于“死亡”，西方人使用“go to sleep”“close one’s eyes”“expire”“pass away”“end one’s day”“rest in peace”“go to heaven”“become an immortal”等委婉语替代“death”一词。对于某些疾病，西方人也会使用委婉语，如用“social disease”代替“AIDS”，用“the old man’s friend”代替“pneumonia”等。

### （二）礼貌功能

礼貌是人类文明发展的标志，也是人类社会活动中的重要准则。在现实生活的言语交际中，因言语粗鲁等语言使用不当而造成的误会、摩擦以及人际关系的紧张屡见不鲜，由此可见礼貌在语言使用中的重要性。为了符合礼貌的准则，人们在交际过程中通常不会进行直接的表达，而是以较为间接的方式表达自己。这是因为直接的言语表达通常使人感觉唐突，而间接的表达方式则较为委婉，能够凸显说话人的礼貌。例如在谈论一些职业时，人们会采用比较委婉的称呼，如用“sanitation engineer”代替“garbage collector”，用“beautician”代替“hairdresser”。

当人们谈论一些敏感话题时，出于礼貌也会使用委婉语。如在谈论女性怀孕和生产的相关话题时，会用“in a family way”“have a baby”等表达方式代替“pregnant”。在谈论贫困与救济等相关话题时，会用“welfare”代替“relief”。

（三）掩饰功能

语言在使用过程中，其在语义上具有一定的模糊性或是不确定性。人们有时使用委婉语，是为了在语言符号的能指和所指之间故意留出一定的距离，以表达说话人的隐含意义，起到言外之意的效果。委婉语的功能就是利用委婉语的间接性，在语言符号的能指和所指之间造成心理上的疏离，以对交际中的直接言语进行替代或掩饰。在特定的语境和社会背景下，有时也会利用委婉语的掩饰功能对某一事实真相进行隐瞒，以维护自身利益。例如在西方社会中，当出现罢工现象时，会用“industrial action”代替“strike”。

此外，委婉语还可以通过扩大词语外延，模糊某些词语的意义，从而达到掩饰的目的。以“accident”一词为例，可以委婉地表示某人的意外身亡或女性的未婚先孕。

（四）避免歧视功能

在言语交际中，委婉语还具有避免歧视的功能。例如对于穷人，可以使用“the needy”“the underprivileged”“the disadvantaged”代替“the poor”。在美国，过去通常用“Negro”“nigger”“black”“colored person”称呼黑人，后来为了避免这类称呼对于黑人的歧视，便使用较为委婉的“African-American”来称呼美国黑人。这一委婉语的使用，不仅避免了对黑人的歧视，还缓和了与黑人的紧张关系。

（五）幽默讽刺功能

除了间接表达语言外，使用委婉语还能起到使语言变得生动、幽默的效果。例如对于醉酒的人，可以用“plastered”一词表达，该词的原意为“涂上灰泥的”，用其表达醉酒的人，能够形象地表达出醉酒之人那种东倒西歪、烂醉如泥的状态，使语言变得生动幽默。对于“妻管严”的丈夫，可以用“henpecked husband”表示；对于守财奴，可以用“live upon nothing”表示。这些委婉语的使用，能够为交际增添幽默的色彩，对交际的进行发挥着积极的作用。

此外，对于一些较为残忍的事情，也可以通过委婉语诙谐、幽默地将其表达出来。例如在谈到死亡时，可以用“He has joined the majority.”以减轻对方对于死亡的恐惧。

（六）商业功能

名字对于企业和个人都很重要，为了吸引顾客的注意和提高销量，委婉语被大量地使用到广告中，在各个方面影响着人们的生活。比如：二手车，他们不会使用“used car”（二手车），而是使用“pre-driven classic”（经典）。同样的旧家具他们不会使用“second-furniture”（二手家具），而是使用“antique”（古董）。为了使消费者感到有尊严而购买机票，航空公司会使用“first class”（头等舱），而他们又不会把二等舱、三等舱叫作“second class”或者“third class”，而是美其名曰“business class”（商务舱）。这些公司用委婉语，转移人们的视线，以此达到商业目的。

## 四、委婉语与英语教学

随着国际交流的深入发展，跨文化交际活动变得越来越频繁。要使跨文化交际能够顺利进行，必须对西方文化有充分的了解，恰当地使用英语委婉语，可以促进跨文化交际的成功。

（一）培养跨文化交际意识

英语教育不仅是对正确的语言知识的传授，还要培养学习者在不同语境下与不同文化背景的人进行交际的能力。因此在教学过程中，教师不应单纯地进行语言知识的讲授，还应重视对西方文化的教学，使学生了解中西方的文化差异，提高学生在跨文化交际中的意识和能力。

（二）融入文化教学

语言与文化有着密不可分的关系，语言既受到文化的深刻影响，又在一定程度上反映着文化的独特之处。英语的词汇也有其文化内涵，因此教师在词汇教学的过程中，应融入对其文化背景的学习。词汇的学习是语言教学的重要因素，在语言的学习中具有重要的地位。词汇的文化内涵体现在该民族和社会的独特传统和思想中。作为传达信息和表达思想的媒介，词汇被赋予独特的民族文化色彩，具有浓厚的民族性和强烈的时代性。在英语教学尤其是英语的词汇教学中，教师应对词汇所蕴含的文化内涵和所体现的精神进行解释，重视对词汇文化意义的介绍，使学生在学习词汇知识的同时，深刻地了解其文化内涵。词汇也是英语表达的基础，因此在英语词汇的教学中，除了重视语义层面的教学外，还应重视对词语跨文化交际的教学。作为对外交流的重要语言，只有理解了英语词汇的文化内涵，才能准确理解其含义，从而提高学生的英语运用能力。

（三）增强学生信心

在英语课堂教学中，教师对学生的评价要考虑到学生的接受情况，适当地运用英语委婉语是有必要的。教师用间接的、委婉的方式指出学生的不足和需要改进之处，既能教育学生，又能维护学生的自尊心和面子，使得课堂气氛更为融洽。同时学生也更容易接受老师的建议，也能增强他们的自信心并开发他们的学习潜力，师生关系也会更为融洽。

在英语的课堂教学中，教师在对学生进行评价时，要充分考虑到学生的接受情况，可以适当运用委婉语，间接地指出学生的不足之处。委婉的方式能够在维护学生自尊的同时实现对学生的教育，并有利于师生间在课堂上形成融洽的氛围。教师委婉的批评和建议，使学生接受起来更为容易，而且能够提高学生的自信心，对学生英语学习潜能的开发起到积极作用，使学生在课堂学习中能够积极回答问题，有利于形成和谐的师生关系。

## 第二节　英语情态动词的语用分析

### 一、情态动词概述

社会关系具有复杂性，人类的认知也具有局限性。因此，在交际的过程中，人们有时候能够直接地表达自己的意见，有时在不太自信的情况下，则需要使用间接、婉转的语言进行意见的表达，在不影响信息的传递的同时，为自己留有余地，这就涉及情态问题。在英语中，情态的表达是通过情态动词实现的。情态也成为语言学家、逻辑学家、哲学家关注和研究的热点问题，各语言学派也从不同的角度，利用各种方法对情态进行研究。传统的语法研究以情态动词为研究范畴，注重对其在句法中的作用和意义进行研究。普通语义学则从认识情态和道义情态方面进行研究。在语言学范畴中，情态复杂多变、语用特征突出，能够通过多种语言形式表达。情态动词是其中最典型、最主要的表达手段，体现着语义和语用并渗透到情态使用的各个方面。在语用因素的影响下，情态动词的词义表现出多层次性和多取向性。

## 二、情态动词的作用

### （一）有利于对话关系的调节

由于不像数字和时态那样明确，因此在语言学界并没有得到普遍认可的关于情态的定义。莱昂斯（Lyons）认为，在英语中，情态本质上是主观的。帕尔默（Palmer）将主观性作为衡量情态的基本标准。根据佩金斯（Perkins）的观点，情态逻辑的产生是介于人与客观世界之间的语义系统，是根据可能发生的时间进行思考和行动。总之，众多的语言学家都将情态作为说话者主观判断的表达，其与思维之间存在着紧密的联系。情态以主观性为基础，以情态动词为主要实现手段，具有调节会话氛围，融洽双方关系的作用。

### （二）有利于保证情态与语境的顺应关系

在交际中，情态是表达感情的重要手段。语言的使用不能离开语境，情态功能的实现也离不开交际的对话环境，语境对于情态意义的确定和实现具有重要作用，语言与语境保持顺应关系是交际顺利进行的重要保障。在具体的语境中，说话者可以根据需求的不同，在顺应语境的基础上，灵活选择情态动词的语用意义。情态动词的语用意义有两种，一种是其本身所蕴含的语用意义，即其在字典中的意义，往往较为固定；另一种是语境赋予情态动词的语用意义，具有随机性和偶然性，复杂多变且难以预料。英语中的情态动词是有限的，但是在交际中人们所要表达的情态意义却是复杂的，这就导致在情态动词中普遍存在一词多义的现象。在语境中，情态动词具有多义性。在交际实际中，不仅要注意情态动词的基本意义，还应该重视其衍生意义。出于对语境的顺应，情态动词有时表示的不是其常规意义而是语境所赋予的特殊意义，如“may”的“让步”“偶然”“揣测”，“must”的“客观判断”，“can”的“有时间”和“机会”等就是语境所赋予的临时意义。交际的双方通过相互的协商和对语境的顺应，在交际过程中动态生成了情态动词的特殊意义。

### （三）有利于对说话者的理解

说话者通过情态动词表达态度和看法，说话者意思的表达需要通过说话实现，因此情态动词具有即时性。情态动词本身不具备明确的时间，它的时间随着上下文的变化而变化。有些情态动词的过去式除了用于过去时间外，还能够应用于现在场合，用于表示委婉、客气的语气或者推断的不确定性，如“might”“could”等。有些没有过去时态的情态动词也可用于过去场合，如“must”。由于具备即时性特征，因此情态动词除了在特定的条件下，其过去式一般并不表示过去时态，而表示委婉语气或者不确定性。说话者对已经发生的事情表达看法，通过情态动词后面跟的动词变化来实现。由此可知，情态动词对于时间的表达，其根据并不是自身形式的演化，而是体现在其谓语结构上。掌握了情态动词的即时性，也就有利于理解不同时态下情态动词的合理运用。

总之，作为话语产生的基本条件，情态存在于一切语言交流中，即使是直陈，也带有一定程度的情态。因此，对情态的研究一直都是中外学者关注的焦点之一。情态动词是实现情态最主要的手段，也是情态研究的核心问题。由于其具有复杂的情态意义，一直都是英语学习中一个无法回避的难点。前人对情态动词的研究成果是有目共睹的，尤其是在语义及句法结构层面的研究，多属于语言结构内的研究。传统的情态动词研究主要集中在语言结构内的范畴，并取得了丰硕的成果。但是，言语交际是动态发展的，因此从动态语用的视角，对其进行系统、全面的剖析，才能实现对情态动词实质的认识和运用的进一步发展。

## 三、情态动词的语义分类

在英语语法中，由于情态动词只有一种形式且语法特征基本相同，因此认为情态动词不能再进行细分。但是仔细观察可以发现，不同的情态动词在句子中存在细小的差别。

例 1：

I can’t speak English.

I can’t lose my way.

通过比较可以发现，“can’t”在这两句中的含义是不同的，并对句子整体的理解产生影响。前一句表达的是客观事实，而后一句则表达的是说话者的主观判断。根据这一现象，英国语法学家帕尔默认为可以将情态动词分为判断情态动词（epistemic modal）和非判断情态动词（non-epistemic modal）两种类型。判断情态动词指的是说话者对所陈述事情的看法和态度，其话语与逻辑可能性有关，表示出“概率性”“可能性”“必然性”等情态。判断情态动词用于肯定句中，表达的是说话者“肯定”“大概”“可能”等主观态度，用于疑问句则表达的是听话者的主观看法。根据帕尔默的划分，

“will”“may”“must”“should”“ought”以及否定形式的“can't”和“needn't”属于判断情态动词，其后的实义动词有时态标记是这些情态动词的共同语法特征。例如在“You may have heard about it.”一句中，“have heard”便是有时态标记的动词。

非判断情态动词表示的是对客观事实或现实的说明，其具体用法如下。

例2：

He will come tomorrow.

He shall come tomorrow.

情态动词的差别，使上述两句话在意思上也产生了很大的差别。前一句表示的是他本人同意明天来，后一句则表示说话者担保他明天来。在这里，“will”和“shall”虽然都属于非判断情态动词，不表示说话者的主观看法，但是在用法上存在着一定的区别。“will”对句子的主语“He”进行了直接说明，表示的是“He”的意愿，而“shall”表示的不是“He”而是说话人的意愿，它的主体是隐性的。因此，根据这一现象，可以将非判断情态动词的用法细分为两种，一种是专门为句子的主语提供某种信息，并通过句子内容将信息反映出来，属于命题的一部分，这类非判断情态动词称为主语指向情态动词（subject-oriented modal）。另一种情态动词并不对主语的属性进行说明，而着眼于话语活动参与者的作用。用于陈述时，参加话语活动的是说话的人，是由说话人做出保证、允诺或许可等表态。用于提问时，话语活动参与者包括说话人和听话人双方，前者请求后者的同意、担保或准许，这类非判断情态动词称为话语指向情态动词（discourse-oriented modal）。

情态动词语义上的差别会通过语法形式反映，对于非判断情态动词来说，在不同的语法范畴下，不同类型情态动词的语法特征也有所不同。

时态方面：主语指向情态动词有过去式形式，话语指向情态动词没有。这是因为，说话人不可能对已经发生的事情做出请求、保证或许诺。

例3：

The woman could be very cunning at times.

被动语态方面：话语指向情态动词通常可以由主动转换为被动，而主语指向情态动词则不能转换。这是因为，主语指向情态动词是说明主语的，如果转换成被动句，就会造成主语的改变，使得情态动词无法对原本的主语进行说明。而话语指向情态动词同主语或句子的其他任何成分没有联系，因此即使改为被动句也不会使情态动词的指向发生改变。

例4：

John shall meet Mary.

可以转换为 Mary shall be met by John.

John won't meet Mary.

不能转换为 Mary won't be met by John.

总的来说，根据情态动词的语义特点和语法特征，将它们分为两类：判断情态动词和非判断情态动词，而后者又可以分为主语指向和话语指向两种。它们之间的关系如下：

- 情态动词
  - 判断情态动词
  - 非判断情态动词
    - 主语指向情态动词
    - 话语指向情态动词

需要说明的是，对情态动词进行分类不可能像把人和动物区分开来那样分明，因为有些情态动词既可以表示判断，也可以表示非判断，既可以是主语指向，也可以是话语指向。它们的具体用途还得根据语境来确定。

## 四、情态动词的语用分析

在交际中，有时会出现这样的现象：有的疑问句实际上表达的是请求、提议、命令等意义；有的陈述句执行的是祈使或疑问功能；有时，说话者所说的与实际所指不同，即含有言外之意。实际上，任何一句话除了字面意义之外都含有一定的语用含义，在英语中也不例外。

例 5：

May I smoke in this room？

例句中的情态动词不是说明主语的，而是指向整个话语。因此，其具有了一定的言外之力（illocutionary force）。语用学将这类情态动词归于言语行为（speech act）中的"言外行为"（illocutionary act），它们的作用不在于事实的陈述或问题的提出，而是表示对事件的同意、答应、许可，向对方请求做某事或建议对方做某事等。事实上，任何情态动词都能够用来表示具体的言语行为，如邀请、允诺、建议、请求等。在这个意义上，情态动词具有和施为动词（performative verb）一样的言外之力，使话语实现某种言外行为，具有一定的用意，达到交际的目的。但有时，对于同一言语行为可以用不同的情态动词实现，例如在表示"允许"时，使用"can"或"may"都可以，那么具体选择使用哪一情态动词则需要进行具体分析。

例 6：

You may smoke here.

例 7：

Could you tell me the way to the post office？

理解这类句子时，必须结合具体的语境和社会情景进行考虑。情态动词的选择与语境有着密切的关系。交际情景、社会文化背景、人际关系等因素都对语言的使用发挥着限定和制约的作用。在例 6 中，选择“may”而不使用“can”，是由于对话是在较为正式的语境下进行的，并且说话人在对话中处于支配地位，能够允许听话人在此抽烟的请求，若用“can”则不能表达出这层意思。在例 7 中，说话者使用“could”而不使用“can”，语气较为委婉，表现了说话人的礼貌和对于听话人的尊敬。

## 五、情态动词与英语教学

### （一）在语境中分析情态动词

情态动词的多义性决定了其复杂性和难以掌握的特点，但由于多义性往往是通过语境来实现的，因此我们只要通过语境就能把握情态动词的确切意思。

例 8：

You must realize that we are right if you want to adopt our model.

你若要采纳我们的模式，你必须认识到我们是正确的。

例 9：

You must realize that we are right when you have studied our plan closely.

当你仔细研究了我们的建议之后，必然会认为我们是正确的。

### （二）纠正情态动词使用不当的现象

调查显示，中国学生在英语写作中，在情态动词的使用上存在“can”“should”“must”使用过度，“could”“would”“might”使用过少的现象。这其中既有有教学先后顺序和社会文化的因素，也有在教授情态动词时一些词或语义被过度强调，而另一些被忽视的问题。典型的过度使用如情态动词“can”，本族使用者常用于口语，而中国学生在书面语中使用频率极高，一个原因是学生对“can”接触最早、最熟悉，另一个原因是对其他替换词的语义不了解，如在现在情境中委婉地提出请求，以及表达对某事发生可能性的不确定时可用“could”；表示将来的可能性时，应多用“will”。过少使用的情态动词如“would”在英语各种文体中的使用频率都很高，如有学者对高达 1 亿词的英国国家语料库的调查发现，“would”是仅次于“will”排名第二的高频情态动词。中国学生过少使用“would”的一大原因是在教授“would”时其许多意义被忽视。国内一般语法书列出的“would”的用法有四种：表达过去意愿（相当于“will”的过去式）；礼貌委婉地提出建议或请求；描述过去习惯；在非真实条件中使用。但事实上“would”的用法远不止这些，如还可用以表示设想事情的结果；也可指某人的典型行为；也可用来陈述个人观点，等等。

情态动词的过度使用和过少使用问题直接影响学生使用英语的准确性和英语水平的提高，因此教师应该积极纠正这个现象。

（三）引导学生分辨和正确使用不同量值的情态动词

根据系统功能讲法，情态动词有高中低三个量值，表达各不相同的语义功能，在选择时需要引起注意。教师应该引导学生在使用情态动词时考虑以下因素：义务性程度；对事物的认知程度；绝对、相对态度以及语体识别。另外，由于社会文化因素造成的误用也普遍存在，教师应及时纠正。中国学生偏好使用“should”“must”“have to”“ought to”这几个表示“义务”和“必须”的高值情态动词，使用频率远高于本族学生，会造出“You must always take care of your parents.”这类句子。究其原因，首先，中国社会崇尚个人对家庭、集体、国家的义务和责任感，孝敬父母、努力学习、热爱祖国等观念被普遍接受和认同，因此，使用高值情态动词体现个人对家庭和国家的责任和义务不足为奇。其次，中国文化内显集体主义价值观，人与人之间的关系较为紧密，私人空间概念较弱。因此，用高值情态动词表达对家人或朋友的看法常被看作善意的关心和提醒。西方文化强调个人主义，重视私人空间和个人的选择权，“义务”“责任”这样的概念不应也不能是强加给个人的。而帕尔默认为，情态动词“must”“have to”“should”“ought to”具有“义务”“必须”及“外部强加的要求”之含义。因此，虽然西方文化中也有尊敬长者、勤奋工作、热爱家庭和国家等观念，但如果这些观念用“must”或“have to”或“should”来表达，则西方人会难以理解甚至觉得奇怪。在相同讲义中，本族学生更多地选择使用“need”这个词来表达其“自我责任感”。

## 第三节　英语被动语态的语用分析

### 一、英语被动语态的使用现状

当句子主语所指的人或物是动作的承受者或遭受者时，动词的形式就是被动语态。被动语态在英语（特别是科技英语）中使用广泛。据国外语言学家的统计，在物理、化学、工程类的英语教科书里，全部限定动词中至少有1/3 用被动语态。在一般文体中，英语也经常使用被动语态。在汉语中，被动句则比较少用。

礼貌是人类文明的标志，是人类社会活动的一条重要准绳。作为一种社会活动，语言活动也同样受到这条准绳的约束。为此，格赖斯提出了会话礼貌原则。礼貌原则维护着交谈双方的平等地位和他们之间的友好关系。只有在这个大前提下人们才可能进行交际。利奇（Leech）通过研究提出了具体的礼貌准则：策略准则、宽宏准则、谦虚准则、赞同准则和同情准则。被动语态的使用有时也是为了遵循礼貌原则。

### 二、英语被动语态的语用分析

英语是一种实用性强的工具学科，发音和口语表达是提高英语学习能力的关键，而语法和单词则是使用英语的前提条件，因而，英语的句式语态则成为英语语法学习的重要基础。相比之下，汉语习惯用主动语态，英语却习惯用被动语态，下面主要从三个方面对英语的被动语态进行语用分析。

#### （一）被动语态的结构形式

通过对大学英语被动语态的学习动机进行深入研究，结果表明语态的用法形式更多地表现在英译中、中译英的过程中，而最主要的应用领域则在书面整理、日常对话和中外外交，这也诠释了激发英语语态学习动机的重要性。既然如此更要全方位、多角度的研究被动语态的结构形式。因此，必须加强对其主要结构形式的研究，以激发学生英语语态学习的动机，使学生掌握更多的英语被动语态结构形式。

#### （二）被动语态的时态

在大学英语教育工作中，被动语态的时态也是经常用到的一个方面，无论是考试还是书面信函，都会有许多提供有效借鉴和参考效用的文字，而这些文字也都是采用了被动语态，其中时态的转变尤为引人注意。整体看来，学生的英语水平和学习能力呈现主要是依据被动语态的时态用法和熟练程度来体现的，明显的时态错误是滑坡式走向的明显特征，混杂错乱的被动语态的时态用法无疑给英语教学带来了困难和挑战。

（三）被动语态的句型转换

被动语态的句型转换是提高学生英语学习水平的关键，而英语语态的学习则是英语学习体系中最为重要的关键环节。在研究被动语态的句式句型中发现，英语的句型转换特征非常明显。如果不能有效激发学生学习英语的能力，那么可以从书面的刻板的句型转换来教起。这个句型转换的模板非常有效，只要依据书面上的被动语态进行句型转换就可以了。

## 三、被动语态的汉译技巧

英语中的被动语态使用多，而汉语中被动语态比较少用。因而，在汉译英被动语态时不可一味地直译，应根据汉语表达方式，加以灵活多变的处理。

（一）译为汉语被动句

为了强调动作，或不知道动作发出者，或在特定的上下文里，为了使前后分句的主语保持一致，为了使重点突出、语义连贯、语气流畅，可将英语的被动句译为汉语被动句。在表达上除了采用“被”字外，还可以根据汉语搭配的需要选用“遭、挨、给受、加以、予以、为……所”等词。

（二）译为汉语主动句

由于汉语习惯上多用主动句，因而许多被动句都可以译为汉语的主动句。翻译时既可以将其译为形式上主动而意义上被动的汉语句子，又可以改变原文的谓语动词将其译为汉语的完全主动句，还可以直接将原文的被动语态按主动语态译为汉语的完全主动句。

（三）译为汉语无主句

汉语的无主句是一种独特的句型。英语中的许多不需要或无法说出动作发出者的被动句往往可以译为汉语的无主句，而把原句中的主语译为汉语句子中的宾语。

例如：

The cost can not be met unless the region has ample food resources.

除非该地区具有丰富的食物资源，否则无法满足这种消耗。

英语和汉语都有被动语态，但两种语言对被动语态的运用却不尽相同。英语中的被动语态使用得十分广泛，在科技英语文体中，被动语态更为常见。

在语用上，它是由话题确立、语篇连贯、礼貌原则、句子结构、客观表达等方面的因素所致。相对于英语来说，汉语中的被动语态用得较少。因此，英译汉时，必须注意被动语态的译法，不要过分拘泥于原文的被动结构，而要根据汉语的表达习惯进行灵活多样的处理。否则，译文便会显得别扭，从而影响原意的顺畅表达。

（四）注意表示通知、动员等句式

英语具有工具学科的基本作用。而大学生在进行英语学习过程中，往往会发现在表示通知、动员、邀请或请求之类的句式中出现被动语态的频率还是非常高的，这也是英语被动语态的一大语用规律，在翻译这些方面的句子时一定要格外注意。被动语态的翻译与英语学习之间具有相辅相成的关系，语态学习有利于学生英语成绩的提高，这也是研究英语被动语态的语用分析及其翻译的主要原因。大学生要想切实取得满意的英语学习效果，就应努力增强自身的英语语态的学习和被动语态的翻译能力。

# 第五章　语用分析视角下的英语语法教学

语法知识一直是我国英语教学的重点，在语用学理论的指导下重视学生语用能力培养的同时，也不应忽视英语语法教学。本章以语用分析为视角，展开对英语语法的语用分析以及教学，具体涉及情态助动词、条件句、进行式等的语法分析与教学，在语法教学的同时实现对学生语用能力的培养。

## 第一节　情态助动词语法教学

### 一、情态助动词的语用分析

情态是语言的重要组成部分，并且直接影响着话语的得体程度。对于情态词的选择和运用反映了说话人的观点、态度，影响着说话人的形象以及对话双方之间的距离。对于母语背景不同的对话者来说，一旦情态词使用不当，就会对交际造成障碍。由于英语情态词较为复杂，因此对于我国的英语学习者来说，无论其处于哪一学习阶段，即便是高级的英语学习者，也会在情态词的使用上存在语用失误，这会造成其跨文化交际的失误，对交际效果的实现造成不利影响。

情态词具有一定的情态值，韩礼德则根据这一标准，将情态词分为低度、中度、高度三个类型。“may、might、can、could”属于低度情态词，“will、would、shall、should、be to”属于中度情态词，“must、ought to、need、have to（dare）”属于高度情态词。

在英语教学中，我国学生偏爱使用高度情态词，而英语本族语者则较多使用中、低度情态词。情态值与话语的礼貌程度有着密切的关系，情态值较高表明说话人对于话题有较强的确定性，情态值较低则使得语气较为委婉和柔和。在交际中使用中、高度情态词就会使其话语表现得更为直接和自信，甚至还会表现出草率。例如，我国学生在英语写作中，经常使用“should、must”等中、高度情态词表达义务和必要性，而在劝说的交际中，“should”等词的使用会使得话语变得直接甚至唐突。有些学者认为过去式的情态动词经常用于假设意义的表达，较现在时形式更具情态化，试探性更强，也更加礼貌。在交际中，说话人的语法错误是容易被接受的，而语用错误则会被认为是对于交际规则的违反，说话人会被认为是不真诚或者居心不良的人。利奇认为，构成礼貌的重要因素是命题所指向的行动内容给交际双方带来的利润情况和话语留给受话人的自主选择程度。也就是说，说话人的命题内容有利于听话人，那么说话人就是礼貌的，反之则是不礼貌的。说话人话语表达的间接程度决定了听话人的自由选择程度，说话人的话语方式越间接，表明对听话人的强加程度越低，说话人自主选择做出被要求行动的自由度越高，对话的礼貌程度也越高。因此，我国学生在英语交际中减少中、高度情态词的使用，能够使其语言表达显得更加委婉和礼貌，有利于交际的进行。

情态助动词是英语教学的重点内容之一，由于其在语言中较为活跃，因此也属于英语教学中的难点。通过对学生对于情态动词使用现象的分析可以发现，单一的形式或语义方面的教学都难以取得理想的效果，学生也难以掌握运用情态动词的要领。从语法范畴的教学入手，在进行语义结构教学的同时，结合交际中的社交背景以及影响话语理解的各类语用因素，就能够增强情态动词的教学效果。因此，可以从语用学的角度出发，引导学生正确辨认不同情态动词在不同场合以及不同情态动词在同一场合所表达的不同语用意义。

例 1：

The road may be blocked.

The road can be blocked.

这两句都属于情态动词的推测性用法，二者在语法上难以区分，但是在语境条件下，二者则存在明显的区别。前一句仅表达道路被封锁的事实，其意义较为单一。后一句除了对事实的表达外，还可以表达出理论上道路可以被封锁的意思。因此可以发现，含有情态动词的孤立句有时会存在歧义，语境则有助于消除歧义。当语境不能提供充分的信息时，句子就越可能出现歧义。语言行为是受目的支配的，但是在交际中，有时听话人并不知晓说话人的目的，因此他就需要对说话人的意图进行推测，这也表明人们的交际行为并非建立于自然意义基础之上的直接的信息传递，而是对表达非自然意义的意图的明示或推导。纵观语用学的发展历史，它的研究对象出现了三种主要趋势：一是以对说话人意义的研究为主，强调发出信息的话语生成者；二是以话语理解的研究位置为主，强调信息的接收者；三是对听话人和说话人的研究并重，强调语境意义的研究。因此，在英语教学中，从语用角度引导学生理解情态动词会产生较好的效果。

此外，有些语句虽然在句法结构上具有确定的语义，但是当其出现在不同的语境时，也会导致歧义或者语用含混。以“Can you speak English？”一句为例，当其出现在招聘的语境中时，它是一种对于英语技能的询问，当出现在不同语言者的交际中时，它是说话者对于对方使用英语进行交流的请求或命令。只有明确语境，才能避免语用含混现象的发生。因此从语用学的角度结合语境，有利于避免学生出现语用失误。

通过上面的分析可以发现，孤立句与实际语境中的句子之间的差别也反映出了语义学和语用学的区别。若教师仅从语义学角度，根据传统语法对情态动词进行意义分析，在词义和由词义与语法意义构成的句义中寻求含情态动词句子的歧义产生的原因，可能会导致学生由于情态动词在不同句子中的不同意义而将其理解为多义词。实际上，对于情态动词的定义和解释所依赖的是一种主观的意义标准。语法学家在对情态动词进行释义时，依靠的是自身的语感和情态动词所处的语境。没有具体的语境，就无法确定情态动词的意义，在英语中也不能找到更概括和更基本的词对其进行替代。而从语用学角度，结合语境对含有情态动词的句子进行分析，能够消除句子的歧义，更容易理解句子。

因此，在英语教学中，教师应向学生教授不同语言文化中的语用知识，这样既可以使学生在跨文化交际中减少语用失误，也能够激发学生学习英语的主动性和积极性，改变传统英语教学中学生被动学习的局面。

## 二、may 的语用分析与教学

与一般动词相比，情态动词的特殊功能在于通过与其他动词搭配从而表达出一定的语气或情感，但情态动词本身并不具有意义。“may”一词既可用作名词又可用作情态助动词。例如，在“I am going to go on holiday in May.”“Mays bloom in this season.”中，“may”用作名词，在“May I come in？”中，“may”用作情态助动词。当作为情态助动词时，“may”就不再表示其原本的意义，而是协助其他动词发挥表达语气或情感的作用。传统语法并不能完全阐释情态动词的功能，在不同的语境下，作为情态助动词的“may”具有多种功能，具体如下。

### （一）保留面子功能

在言语交际中，交际的双方都会为了维护人际关系的和谐而做出努力，为了表现出礼貌，会采取一定的语言手段给对方也给自己留有面子。布朗（Brown）与莱文森（Levinson）认为，在言语交际中，有些言语行为会对面子产生威胁。因此，人们会通过一定的手段满足交际中的面子需求，而“may”就是一种具有调节人际关系功能的语言手段。

有时在言语交际中，交际的双方会存在相互对立的看法或意见或者说话人的请求被听话人拒绝等现象，这就会使一方的面子受到威胁，而这类言语行为就是威胁面子的行为。

例 2：

A：We' ll all miss Jack and Mike，won' t we？

B：We may miss Mike.

C：We' ll miss Mike.

上例中，B 的回答只肯定了对 Mike 的想念，违反了合作原则的量准则，但是 B 通过对 A 问题的部分内容进行回答而避免提及 Jack，起到了为对方保留面子的作用，容易使人接受。而 C 的回答既生硬又威胁到了对方的面子，不容易被人接受。因此，在特定的语境中，当说话人与对方的观点相异时，可以利用“may”通过违反合作原则从而保证对礼貌原则的遵守，为对方保留面子，使对方能更容易地接受自己的观点。

例 3：

You are wrong again.

You may be wrong again.

前一句的语气较为直接，会使对方感到面子受到严重威胁，而在后一句中，说话人通过“may”的使用，使话语对对方的威胁程度大大降低，为对方保留了面子。此外，“may”也可以使请求的提出变得更加礼貌，从而实现其保留面子的功能。

（二）提高语言准确性功能

may 可用于表推测，以推测代替断言，或在表示推测时，故意降低肯定程度，从而增加话语的试探性色彩，避免把话说满。看似没把握的表达方式往往却非常准确。以下是一个最简单的例子。

例 4：

Boys are noisy in class.

Boys may be noisy in class.

将两句进行对比可以发现，后一句在表达上的不确定性更强，即男孩可能喜欢在教室中吵闹，也可能不喜欢。事实上，男孩通常活泼好动，但并不是所有的男孩都喜欢在教室中吵闹。前一句则没有表达出这一事实，这也说明虽然后一句在表达上较为模糊，但是在与客观事实的对应程度上来说，后一句却是较为准确的。可以说，在表达中使用“may”时虽然使语言形式模糊，却能够在意义上表达得更准确。

此外，还可以从会话合作原则的角度对“may”在语言准确性上的功能进行理解。会话合作原则包括质量、数量、关联和方式准则，在实际交际中，有些情况下难以同时遵守各种准则，因此有时为了遵守某一准则，需要违背另一准则。

例 5：

A：How many of them took part in the game.

B：I’m not sure. May be 7，may be 8，I guess.

这一例句就是为了遵循质量准则而违背了数量准则。B 的回答虽然没有提供准确的数字，违背了数量原则，但是 B 在不确定情况下做出的推测性回答使其表达更加诚实，符合质量原则。此外，B 在回答中出于遵循质量准则的目的使用了“may”，但是使用“may”会增加句子的字数，造成句子的冗长，违背了方式准则。

（三）加强言语相关性功能

根据关联理论，听话人理解话语的目的在于找到对其自身的语境假设来说是关联的信息，听话人只有付出一定的努力，才能获取足够的预警效果。在信息处理时，人们往往希望付出最小的努力并获得最大的认知效果。也就是说，人类认知以最大限度地关联为取向，在推理中付出的努力越小，语境效果越好，关联性也越强。

当被用于推测时，“may”能够传达出更加相关的语境含义，有利于引导听话人将努力集中在更相关的信息的处理上，并且能够比精确的语言传递出诸如说话人态度等更多的相关信息。因此，恰当地使用“may”能够获得更好的语境效果，加强言语的相关性，比精确的语言更能传达出说话人的意图。

首先，用“may”表推测常常能帮助听话人集中注意力，即它能告诉听话人对某一被指物需要投入多少关注或处理努力。说话人用“may”表推测的语气来指称、修饰或描述某事物，意味着听话人不必对该事物投入太多关注，或者说对该部分投入的处理努力应当小于处理话语其他部分的努力。语言的模糊程度越高，所需的努力就越小，反之亦然。

例 6：

We may have got five or six of them but I may only be going to talk three of them today.

在上例中，说话人在明知具体人数的情况下使用了“may”，这表明说话人认为具体人数并不重要，听话人也不必对具体人数过于关注，而应将关注的重点放在要讲到的三个人上面。因此“three of them”是一个较为精确的表达，并没有使用“may”表示推测来对其进行限制。因此，句子中其他被“may”限制的部分就具有了更强的关联性。

## 三、will的语用分析与教学

### （一）表示礼貌的请求

利奇在讨论礼貌原则时指出：礼貌具有相对性，当损及听话人时，话语越间接，供听话人选择的余地越大，话语就越礼貌；当有利于听话人时，直接的话语也不一定不礼貌。由此看来，礼貌原则受语境的影响。在一定的语境下，话语中所含情态意义的强弱就影响话语的礼貌程度。作为情态动词的“will”理所当然具有情态意义，可以用于问句中表示礼貌的请求，即试图用语言使听者干某事。

例7：

A：Come in！

B：You will come in.

C：Will you come in？

在上面3句中A是祈使句形式，没有使用情态动词，是直接言语行为，表示命令；B句为陈述句，直接转化为说话人的意愿，表达强烈的要求；C句是疑问句，用间接言语行为表示请求，更加礼貌。

例8：

A：Will you go shopping with us this afternoon？

B：Are you going shopping with us this afternoon？

在上面两句中，A句中用了will，表示意愿，委婉地邀请对方同行。而在B句中使用的功能动词are，是询问对方是否准备同行。一词之差，造成言语行为的功能各异。

一个请求可以被拒绝，也可以被接受。由“won’t you”引导的否定疑问句是表示说话人料想对方会拒绝请求时所用的客套语。

Won’t you shut the door？（表明说话人尊重对方，显得礼貌。）

情态动词“will”还可以用于条件句中表示请求。正如荷恩毕说：“如果if子句不是单纯的条件句而是构成请求的话，就要用will，也可以用would。”

例 9：

If you' ll help me，we will finish this job quickly.

（=Please help me，so that we will finish this job quickly.）

（二）表示命令

“will”表示命令时，常常用于第二、三人称，这是一种正式的命令，虽然从意义上相当于“must be、be to”但它的命令语气更强。

例 10：

All students will attend roll-call at eight o' clock every Monday.

所有学生务必参加每周一的八点钟点名。

上例是表示说话者发出的“命令”。如果将其变为“All students，to attend roll-call at eight o' clock every Monday.”则表示说话人“报道”了别人的命令。

（三）表示承诺

在主语是第一人称的时候，常常用“will”表承诺。

例 11：

I will give a birthday present if you behave yourself，Tom，I promise.

汤姆，如果你规矩点儿，我保证送你一件生日礼物。

如果要表示其他人称的承诺，则用 shall。

例 12：

You shall have the book after I read it，I promise.

我保证我看完就让你看。

（四）表示推测

例 13：

This will be the car you could afford，I fancy.

我想这大概就是能买得起的车吧。

例 14：

Betty will leave Beijing for Hong Kong next Monday.

贝蒂下周一将要离开北京去香港。

（表示较为肯定的推测，但不一定是百分之百的发生。）

例 15：

Betty leaves Beijing for Hong Kong next Monday.

贝蒂下周一离开北京去香港。

（这种将来行为是预设的，因此是最为肯定的，必将发生的。）

（五）表示主语现在的习惯

例 16：

We will go fishing in the morning.

我们习惯于在早上去钓鱼。

例 17：

Tom will play for hours at a time.

汤姆一玩就是几个小时。

例 18：

Why will you always turn a deaf ear to what I tell you？

我给你讲话，你怎么老当耳边风?

（六）will 否定形式的不同用法

众所周知，“will”的否定形式有“won’t”和“will not”两种书写形式，但是这两种形式的语用功能却有差异。如果主语是人，“won’t”用于表示主语的一种纯粹的意志；如果主语是事物，“won’t”就表示一种固有的属性。在这两种情况下，不能用“will not”取代“won’t”。在第二种情况下，如果用 will not 则指客观情况。

例 19：

Tom，I will not go shopping with you. Do you know？ I won’t go shopping with you.

在例 19 中，“I will not go shopping with you”与“I won’t go shopping with you”相比，在意志上弱一些，话语中含有考虑客观条件的因素。而“I won’t go shopping with you”则表示主语的坚定的意志。

例 20：

If you put a match to it，real amber won’t melt，but imitation will.

如果你划一根火柴来烧它一下，真琥珀不会熔，仿制品会。（琥珀的固有属性）

例 21：

That piece of paper will not burn.

那张纸燃不着。（“燃不着”不是纸的固有属性，也许是有水。）

另外，当“will”用于条件状语从句中表示一种意志或者推断时，其否定形式一般用“won’t”，而不用“will not”。

## 第二节　条件句语法教学

开放性 if 条件句在使用频率上远高于假设性 if 条件句，且动词形式搭配各异，语义变化复杂。但由于教科书过分渲染虚拟语气，使用广泛的开放性 if 条件句却受到了忽视。下面对开放性 if 条件句的语义及用法进行探讨，要正确地把握 if 条件句的语义，正确地使用 if 条件句，有赖于根据语境仔细琢磨，灵活掌握，切不可望文生义。

### 一、直接条件句

在开放性 if 条件句中，凡从句与主句关系密切，是主句动作赖以发生的条件的都放在该类讨论。这类条件句根据语义又可分为如下 9 种。

（1）表示“现在条件”

在该类条件句中，谓语动词的动作与现在时间有关，说明主句的发生以“现在条件”为前提。

例 1：

We are going to find ourselves in difficulty if we carry on like this.

照这样下去，我们就会处境困难。

这种条件句的主句可用“be going to”结构，因为无论“be going to”结构表示现在打算做某事，还是有迹象表明某事将发生，都与现在时间有关。

（2）表示“将来条件”

在该类条件句中，谓语动词的动作单纯表示“将来”，与现在时间没有联系，因而主句不能用“be going to”结构。

例 2：

If he buys more cows，he’ll be able to produce more milk.

如果他买更多的奶牛，就可以产更多的牛奶。

例 2 的从句以将来的事实为条件，说明只有当条件成为事实后，主句的动作才能发生。

（3）表示“现在的安排，将来的时态”

条件句这样用时，谓语部分可用“be going to”结构、一般现在时、现在进行体和“be to”结构。

例（3）

If you leave at 6 o’clock tomorrow，you’d better go to bed now.

如果你计划明天早上六点出发，最好现在就去睡觉。

（4）表示“动作的完成”

在这种条件句中，谓语动词的动作已完成，常用现在完成体来表示，说明主句动作的发生以从句动作的完成为条件。

例 4：

If you have achieved all your goals, refer to the notes you made at the beginning of Week One.

如果你所有的目标都已实现，那么参见你第一周开始时制订的计划。

（5）表示“意愿”

当条件句表示意愿时，其谓语部分要用 will/would 结构。

例 5：

John will come tomorrow，if he will come.

如果约翰愿意来，那么，他明天会来的。

在上例中，如果用一般现在时形式替代 will/would 结构，它们就失去了“意愿”的意义，而表示“将来”。

（6）表示“预测”

“will”结构构成的条件句除了表示“意愿”外，还可以表示“预测”。

例 6：

If he won’t arrive before nine, there is no point in ordering dinner for him.

如果他九点前赶不到，就不必为他订饭了。

带有“will”的条件分句究竟表示“意愿”还是表示“预测”，应视整个句子的意思来确定，要仔细区分，正确理解。

例 7：

If he won’t get here before nine，we shall have to terminate his employment.

如果他不想在九点以前到这里，我们只有解雇他了。

本例很明显表示“意愿”，但意义与上例不同。

（7）表示“习惯性行为”和“自然规律”

这时 if 条件句等于 when 从句或 whenever 从句。

例 8：

Salt melts，if it is put into water.

盐放在水里就会溶解。

（8）表示“机会”或“不确定性”

条件句表示这个意义时，一般要用 should 结构或非断定性词项。

例 9：

If he should be there，tell him to come back at once.

要是他在那儿，你让他马上回来。

（9）用于规章制度、法律及准法律条文当中，以示其严肃性

在这种情况下，用 be 型虚拟式代替其他形式，但仍是直接条件句。

例 10：

If any person be found guilty，he shall have the right to appeal.

任何被裁决有罪的人，都有权申诉。

## 二、间接条件句

间接条件句在表示条件时，意义比较含蓄，常常涉及语言外的知识。前提和结果之间的关系也不大明确。这类 if 条件句大体可分 4 种。

① if 条件句是一个礼貌性习惯用语，表示“委婉”口气，听起来好像讲话者在征求听话者的意见，不似直接条件句中主从句关系那么明确。

例 11：

If you will excuse，I really must be leaving.

请原谅，我真的必须告辞了。

其他类似的例子有：“if I may be personal”“if I may say so”“if I may interrupt”“if I can speak frankly”“if you like”以及“if you allow me to say so”等。

② if 条件句起一种“留有余地”的作用。表示说话者对自己在主句中所述的内容并无把握，或为了使陈述不过分直截了当，有意留有余地。同时也间接地希望听话者对主句的内容不要过分认真，也不要误解说话者的本意。该类间接条件句起补充说明的作用。

例 12：

If I remember correctly，there’s a quiz show.

假如我没记错的话，有一个问答竞赛节目。

其他类似的例子有：“if I say it correctly”“if you understand what I mean”“if that’s the right word for it”“if I may put it so”以及“if I remember rightly”等。

③ if 条件句用来表示“强调”意义。这类分句形式上是条件分句，事实上是一种起强调作用的陈述。将这类条件句改为陈述句时，常常需加诸如“certainly”“at least”之类的词或词组。

例 13：

He is a dynamic businessman，if ever there was one.

他是一个极度精力充沛的商人。

④ if 条件句起“解释”作用。在这类句子中，主句之前省去了“…it is

relevant to say that…”，从句说明讲话者陈述主句的理由。

例 14：

If you’re in all that hurry，there’s an alley just ahead that takes you into Eastern Street.

如果你真的那么着急的话，前面有一个小巷，穿过去就可到东大街了。

## 三、开放性 if 条件句的其他用法

有些 if 条件句虽然形式上是条件句，但在意义上它们并非表示条件。那么哪些 if 条件句是条件句，哪些又表示其他含义呢？这就要求我们具体句子具体分析。除上述 if 条件句引导直接条件从句和间接条件从句外，它还可表示让步、原因、目的、结果、对比等。

（1）表示“让步”

这类句子的主从句间往往含有“转折”意义。主句中可用 be going to 结构代替 will 结构，if 条件句相当于 even if 分句。

例 15：

The world won’t end if you don’t pass a test，so don’t worry excessively about a single test.

即使考试通不过，天也不会塌下来，所以，对一次考试不用过分担心。

（2）表示“原因”

if 条件句也可表示“原因”，这时，说话者对条件的满足已有把握。if 条件句相当于 since 或 seeing that 分句。

例 16：

If you haven’t made a reservation downtown，you’d better stay here overnight.

既然你没在市中心订房间，最好还是在这里过夜。

（3）表示“目的”

如果 if 分句中含有 be to/be going to 结构，有时往往表示目的。此时，if 分句相当于 in order to 短语或 so that 分句。

例 17：

If I’m to be there on time，I must leave at once.

为了按时赶到那儿，我得马上离开。

（4）表示“结果”

if 分句可以表示主句中动作的结果。从句末尾可以理解为省去了“as a result”。

例 18:

If it will be good for you，I' ll do it.

如果这样对你有好处，我就这样做。

（5）表示“对比”

if 分句可以与主句形成一种参照的关系：从分句的特点来看主句；或设定分句那样的条件来进行比较。一般通过夸大结论，暗指前提即 if 条件句中内容的非真实性。

例 19：

If he is intelligent，then I am Albert Einstein.

如果他算聪明的话，我便可成爱因斯坦了。

## 第三节　进行式语法教学

### 一、进行式的语义功能

现代英语动词进行体常具有以下种种情态色彩，可以概括为几种加强了的表意功能。

（一）描写功能

现代英语动词进行体时常用以加强对外界景物、情况、背景的描述的生动性，使人对静态的东西产生动态感，从而可以增强语言的直观效果。

例 1：

I' m six feet five. I try never to give my friends the feeling that I am looming over them.

我身高六英尺五，因此当我见到朋友时，我总是想方设法不使他们感到站在他们面前的是个庞然大物。（进行体可以使描绘生动，增强直观效果）

例 2：

I am assuming she' s alive. I am hoping so.

我想她还活着，我一直没有失去这线希望。

这里的进行体用在富于持续性的动词中，即部分“感觉动词”和“认知动词”，这些动词都是人对客观事物的感官反应和认识过程或形式。用了进行体后，可使静止状态的事件和行为产生动态感和现实感。

例 3：

She is being too uptight. She can' t let it drop.

她这会儿神经太紧张了，不能把这事置之脑后。

（二）表情功能

现代英语进行体还可以表示说话者的情绪或态度，如惊讶、反感、厌烦、埋怨、赞许、兴奋和亲切等。如：

例 4：

Worse perhaps was the idea of Saturday afternoon cricket，most of my friends would be enjoying leisure at that time.

更糟糕的也许是星期六下午打板球的安排，因为这时候我的朋友大都会在悠闲地自得其乐。（表示埋怨）

例 5：

I' ve seen more and more people who can not read and write. Our government has been saying that they are trying to eliminate illiteracy. Is our government trying to eliminate education？

我看到不会读书写字的人越来越多，政府老是说他们正在尽力扫盲。他们莫非正在想方设法消灭教育？（“has been trying”表示厌倦；“are trying、is trying”表示讥讽）

（三）修辞功能

英语动词进行体还可以用来表示礼貌、委婉、亲切等。

例 6：

I' m happy to have you with us this morning，and I hope you' ll be feeling at home here.

今天上午能跟你在一起，我很高兴；希望你千万别客气啊。（表示亲切或礼貌）

例 7：

As a matter of fact，we' ve been hoping you' ll come，Edith. And I was expecting you to phone me in any case.

事实上，我们一直在盼你啊，艾迪丝。我想你无论如何会给我打一个电话。（表示殷切）

（四）过渡功能

这里的所谓“过渡”，指进行体所表示的行为或时间的暂时性、未完成状态以及开始、转折、变化等。

例 8：

Carrie is beginning to see more and more benefits for the rich and less and less for the poor.

嘉莉这才看到富人越来越得意，而穷人却越来越吃亏。（暗示变化）

例 9：

When Katty is telling her troubles to people，half of them are not interested and the other half are glad to see she is getting what is coming to her.

当凯蒂向人们诉说她的苦处的时，半数的人无动于衷；另一半呢，反而幸灾乐祸：原来你也落得个如此这般！（表示转折、未完成）

（五）表示主语的特征或倾向

进行体还可以表示句中主语的某种倾向、习惯等。

例 10：

Unlike some other superstars，Denver is not changing partners with the seasons.

丹佛可不像其他超级歌星，那些人总是随着季节变化而改换搭档。

例 11：

This may be a large factor in your failure. You may be putting off your colleagues by the expression on your face.

你很可能败在那副脸色上，怠慢了同事。

例 12：

You’ re always showing it down my throat that you’ re the one with the job，but it is not so.

你老在向我吹嘘你的工作如何如何出色，其实并没有什么了不起。

## 二、进行式的语用分析

由于语境不同，语言结构原来的功能也会发生变化，因此，句子意义与说话者使用这个句子表示的实际含义有时是有距离的。语用学即能帮助听话者接上这段距离：可探讨各种语言形式的功能，即对语言进行语用分析，解决语言形式的语用含义和语用差异；结合语境，研究话语中说话者是否做到恰当地使用语言，以及准确地表达用意。

根据奥斯汀的言语行为三分说，我们知道，说话者说出一个句子总是同时表现出三种言语行为：以言指事、以言行事和以言成事。其中以言行事是奥斯汀的关注中心，因而言语行为往往用来专指这种“示言外之力”的以言行事行为。说话者要表达某种言语行为必须考虑表达方式，特别是其中的以言行事以及间接言语行为的表达方式。

（一）恪守礼貌原则中的“得体”准则

人们在言语交际中要遵守合作原则，同时又借助恪守礼貌原则，使话语交际得以顺利进行。但如何恪守这些原则，就要讲究语言手段的语用特征。语言手段带来语言的礼貌级别，因此在言语交际中恪守礼貌原则的同时，必须注意到礼貌具有不同的礼貌级别。语言的礼貌级别是一个连续体，用最直接的方式表达的话语是最欠缺礼貌的；用最间接的方式表达话语则是最讲究礼貌的。这就是说，语言的手段越间接，话语就显得越礼貌。

例 13：

I was hoping you could help me.

I am hoping you can help me.

I hoped you could help me.

I hope you can help me.

在上述四句话中，所用的语言手段的礼貌级别如何，是一目了然的；第一句显然最为得体，即更有礼貌的请求。

例 14：

I was wondering if you could do this for me.

句中同样用了进行体的语言手段，表达一个有礼貌的“请求”，恪守着礼貌原则中的“得体”准则。

（二）“解释”语用功能

进行体可用于对上文提及的行为，即前述行为，做出解释。英语中如何将行为A换言为行为B，从而对行为A的含义做解释，则行为B就使用进行体。

例 15：

If you can put me in touch with John，you will be doing me a favour.

行为 A 是“put me in touch with John”，行为 B 是“doing me a favour”，后者对前者做出了解释。整句话是一个以言行事：“言外之力”是对听话者提出“请求”。

例 16：

A：How do you know，Stanly？

B：Jessie told me. I wasn’t planning to pass that on to you. But maybe I’ll be doing a favor.

B 曾给 A 透露了某事，当 A 问 B 如何得知此事时，B 使用进行体对“给 A 透露了某事”这个前述行为的用意做了解释。

例 17：

A：I promise to come to the party this evening.

B：I am promising to do it.

A 句的“promise”是施为动词，构成一个施为句，表达“允诺”这样的“言外之力”。B 句用的虽然同一个施为动词，但是那是进行体，并不构成施为句。可以设想，说 B 句之前有这样一句话：

C：I’ll be there this evening.

C 句是一个隐性施为句，听话者可能由于某种原因而不能确定说话者的 C 句是否表达“允诺”，这时说话者就要补充说出 B 句，其句意为“In saying‘I’ll be there this evening’I am promising to do it”。可见句 B 中的进行体“be promising”的语用功能是对前述行为 C 句的解释，这与 A 句的显性施为句表达明确的“允诺”是不同的。

进行体在当代英语中有增多趋势，它的语义功能可能不限于上述几个方面，以及这一语法形式所具有的语用功能有待于进一步地探讨，判断进行体所含的语义功能及语用含义的依据是语境，即根据具体上下文，琢磨其精微含义，加深理解。同时掌握进行体的情态表意功能，对我们英语教学以及理解、翻译原文有着积极作用。

# 第六章　语用分析视角下的英语对话教学

在日常生活中，人们的交际通常是通过对话的方式实现的。因此英语对话教学对于提高学生的语用能力具有重要的作用。对英语对话进行语用分析，能够使学生掌握英语交际中的具体规则，避免出现语用失误，正确理解对方的含义。本章从言语始发行为和非言语始发行为两个方面入手，对不同语境下的英语对话进行语用分析，从而使学生能够适应语境的变化，顺利完成交际。

## 第一节　言语始发行为教学

### 一、言语始发行为概述

人们在进行对话之前，需要引起对方的注意，因此说话人需要通过一定的行为，才能引起对方的注意，这种行为上的表示就是会话始发行为。在同一国家或者族群的内部，人们拥有共同的风俗习惯和社会文化背景，因此具备共同认可的始发行为，并以此引起对话。然而当我国学生在与外国人进行英语的跨文化交际时，我们需要了解外国人对于始发行为的表达，否则就会难以展开交际。

人们用言语表达的始发行为称为言语始发行为。在日常交际中，人们常用招呼（greeting）、称呼（address）和召唤（summon）用语表达言语始发行为。在使用的过程中，还可以通过音色、音量、语调的变化，对其进行调节。恰当使用这些用语，能够起到引起注意和引发交际的语用功能。这三类用语在日常交际中有着较高的使用频率，对其进行深入的探究有利于人们有意识地表达始发行为，提高人们的交际能力。

### 二、招呼语用分析与教学

人际交往是人类的必然需求。人们在见面时或者要发起会话时都需要打招呼，这种言语始发行为也是对于社会文化准则的遵守。打招呼除了能起到问候、应酬、寒暄等礼节性社交作用，还能够作为话题表述的前奏。“Hello”“How are you？”“Good morning”等是常用的招呼用语。进一步细分，招呼语还有正式与非正式、成对与非成对使用的区分。有的招呼语之后跟有话题，有的则不跟话题。有时在招呼语之前还会有感叹词。因此，招呼语的使用应根据具体的交际情况和对象恰当选择，否则就会对交际的进行造成不利影响。

（一）相互招呼

人们在对话前通常会打招呼，相互招呼即在一方先打招呼之后，对方也通过打招呼进行回应。打招呼是为了引起双方对于之后的话题的交际，有时在必要的情况下，在打招呼之后，还会进行一些礼节性问候。

例 1：

A：Good morning，B.

B：Good morning，A.

A：How are you？

B：I’m very well，thank you. And you？

A：I’m fine，thank you.

在例句中，A 以“Good morning”表达言语始发行为，通过向 B 打招呼引起了会话，B 随后以同样的招呼作为回应。“Good morning”属于正式招呼语，通常情况下成对使用，即一方说完后，另一方做出同样的回应。使用这类正式的招呼语，也说明对话双方保持着一定的社会距离。

相互招呼之后，A 以“How are you？”引起了双方之间的相互问候，这种问候属于礼节性问候，不具有实质意义，是双方友好的表现。在交际中，在相互招呼后再进行相互的问候，属于常见的现象。除“Good morning”这类正式招呼语之外，非正式招呼语也能引出问候性交谈。一般来说，这种先招呼后问候的对话通常会在问候之后结束，但在实际中，也有的会话会在问候后，进行下一话题的交谈。

例 2：

A：Hello，B！

B：Hello，A！

A：How are you？

B：Alright，how are you？

A：Fine，Thanks. Have you brought the book what I want to read？

B：Yes，here you are.

例 2 中总共有三轮对话，前两次为相互之间的招呼和问候。通常，若说话方没有别的话题进行交谈，可以用“Fine”回应对方的问候并结束对话。但是，A 在回应 B 的问候之后，又以“book”为话题开启了下一轮的对话，这说明，在问候性交谈后提出交际话题的做法是可接受的。由于人们的对话通常带有一定的目的性，因此在相互招呼后再引出实际交际话题的情况是更为常见的。

有时，在交际中，也存在被招呼对象在对招呼进行回应之后直接向对方表达问候或提出话题的现象。

例 3：

A：Hello，B.

B：Hello，A. Have you brought the book I wanted to borrow last week？

A：Yes. Here you are.

在例 3 中，B 在回应 A 的招呼之后，直接提出了借书的话题。由此可知，在实际交际中，招呼之后的问候或者话题的提出是根据具体情况决定的。

（二）单向招呼

有时，在特定的语境下，说话人在打招呼之后，不等对方回应就会直接进行问候或者提出话题，这种做法被称为单向招呼，这也是能够被接受的。

例 4：

Waiter：Good morning，sir. Would you like any drinks？

Customer：Er. I’d like a glass of beer.

Waiter：Anything else？

Customer：No.

Waiter：Please wait a minute. I’ll be back soon.

在例 4 中，服务员（waiter）和顾客（customer）之间是一种服务与被服务的关系，因此在这一语境中，服务员需要首先对顾客打招呼以表示问候和欢迎，通常情况下顾客不会对服务员的招呼进行回应，因此服务员没有等待顾客对其招呼的回应就直接提出了对于服务的询问，这也符合格赖斯会话准则中的“切题准则”和“方式准则”。同时，顾客的回答也证明了服务员在打招呼后直接提出话题的做法是可接受的。

有时，说话者对于交谈较为急切，因此会不等对方打招呼就直接切入话题，这种现象在熟人之间较为常见。

例 5：

A：Hello，B. I’ll give you a lift home unless you’d prefer to walk to the bus station，of course. It can’t be more than a mile and I think the rain’s going to stop soon. Personally，as a member of the old generation，I prefer to drive.

B：Go away！ Don’t speak to me.

A：Don’t be silly，B. I was only joking. Jump in.We’ll be home in half an hour. You’ll catch your death of cold if you don’t get dry soon.

B：All right，but I think you ought to say you’re sorry. I mean，you just went off and left me，didn’t you？

例 5 中，A 首先用了较为随意的“hello”向 B 打了招呼，说明 A、B 是熟人关系。出于急切，A 不等 B 对其招呼进行回应，就抛出了搭车的话题并以此展开了交际。面对 A 的话题，B 做出了“Go away！ Don’t speak to me.”的应答。通过 B 的回答可以说明两个问题，一是说话人能够在打招呼之后直接表达交际话题，二是听话人在回答说话人的话题是不需要向其打招呼再做回答的。

（三）感叹性招呼

说话人先打招呼再进行交际属于一种常规做法。有时，在会话中也存在一定的非常规做法，即在打招呼前使用感叹词以表达自己的心情，这种做法被称为感叹性招呼。感叹性招呼也属于言语始发行为，具有引起注意和引发交际的语用功能。虽然感叹性招呼在会话中不常见，但是这种现象确实存在，因此也应对其进行关注。

例 6：

A：Why，hello，B. I haven’t seen you for some time. How have you been？

B：Fine. And you？

A：Same as ever.

在例 6 中，A 在打招呼之前使用了感叹词“why”，感叹词在这里的作用除了能够引起交际外，还能够加深说话人的语气，烘托对话的氛围，表达说话人惊喜的心情。由此可见，感叹性招呼主要用于长期不见面的熟人不期而遇的场景。并且在招呼后会跟上“How have you been？”等问候语。有时，说话人也会根据语境选择其他的语句表示问候。

需要注意的是，感叹词在使用中通常与“Hi”等非正式招呼语搭配，较少与“Good morning”等正式招呼语搭配。

（四）招呼语的使用

问候虽然是一种简单的行为，但是其中也有一定的讲究。作为一种语言行为，打招呼也受到一定的社会因素的制约，需要遵守一定的社会文化准则和会话规则。当招呼语使用不当或者打招呼的方式难以被接受时，就会对对话的开展和效果造成影响。在特定的场合中，如果不打招呼就直接进行交际，就会对他人造成冒犯而导致交际受挫，使交际难以达到预期目标。

1. 招呼语的误用

例 7：

Interpreter：Mr. B，I' d like to introduce Mr. A，our factory director.

Mr. A：How are you，Mr. B？ Welcome to our factory.

Mr. B：Er…

例 7 中，通过 Interpreter 的介绍，Mr. A 与 Mr. B 展开了交际，这说明 Mr. A 与 Mr. B 初次见面，双方关系陌生，而根据英美人的问候习惯“How are you？”是用于熟人之间的问候，在陌生人之间使用“How do you do？”进行问候是恰当的。Mr. A 招呼语的不恰当使得 Mr. B 感到不适，只能做出“Er…”的反应，使得对话陷入尴尬。此外，根据英美人的习惯，打招呼还要遵守一定的时间顺序。介绍者通常要先介绍年龄大或地位高的人，并由先提到者向后提到者打招呼。例 7 中，Interpreter 先介绍了 Mr. B 再介绍了 Mr. A，因此按照英美人的习惯，应由 Mr. B 向 Mr. A 打招呼，而 Mr. A 却按照中国人的习惯为了表示欢迎而抢先打了招呼，这也是 Mr. A 所犯的另一语用错误。

通过分析可以发现，Mr. A 对于招呼语的语用失误，根本原因在于其不懂得英语的说话规则。海姆斯（Hymes）将说话规则定义为对一个群体所共有的说话方式起支配作用的规则，包括说话人说话的时机、内容、引起和结束对话的方式等。由于 Mr. A 不懂得英语中说话的规则，才会认为“How are you？”与汉语中的通用招呼语“你好”相同，并按照中国人热情好客的习惯，抢先进行了问候，造成其在言语使用上出现提前性和用词性误差。

如果对话的双方在身份或地位上相当，对于招呼语的使用应保持级别上的一致，即根据说话人所使用的正式或非正式的招呼语，选择相应的招呼语进行回答。若双方在身份或地位上有所不同，使用的招呼语在级别上也会有所不同。

例 8：

Mr. Hunt：Sarah，you' ve forgotten to introduce Sheila.

Mrs. Hunt：I' m sorry. Carol，we' ve brought a friend with us. This is Sheila Morgan.

Mrs. Fenton：Hello，Sheila.

Sheila：How do you do，Mrs. Fenton？

Mrs. Fenton：Please call me Carol. Now sit down，everyone. I' ve made some tea. It' s in the kitchen. Can Jane help me？

Mrs. Hunt：Of course，she can.

在例 8 中 Mrs. Hunt 以“Carol，we' ve brought a friend with us. This is Sheila Morgan.”向 Carol（即 Mrs. Fenton）介绍了 Sheila Morgan。Carol 是成年人而 Sheila 是未成年人，因此 Mrs. Hunt 先介绍了 Carol 后介绍了 Sheila Morgan，这也符合先介绍年龄大者的规则。介绍完后，先被介绍的 Mrs. Fenton 用“Hello”向后被介绍的 Sheila 打了招呼，Sheila 则以“How do you do？”回应，双方的对话符合英语的说话规则。

在这例对话中，还有一处值得注意的地方，就是 Mrs. Fenton 在向 Sheila 打招呼时使用了“Hello”，根据一般的说话规则，陌生人之间打招呼应使用“How do you do？”,但是在具体的语境中,作为成年人的Mrs. Fenton用“Hello”向未成年的 Sheila 打招呼是可接受的，由于双方地位上的差别，Sheila 用正式的“How do you do？”回应，以表达对于 Mrs. Fenton 的尊重。由此可知，打招呼要结合具体的语境情况，在本例中，如果 Mrs. Fenton 根据一般惯例用“How do you do？”向 Sheila 打招呼，就会违反社会文化准则，使 Sheila 感到难堪，不仅会闹出笑话，更会影响交际的效果，因此我国学生在英语交际中应提起重视。

2. 招呼语的缺失

例 9：

Borrower：Could you give me some information？

Librarian：What did you say？

在会话的开端，借书者以“Could you give me some information？”想触发与图书管理员的交际。但由于借书者未用表示言语始发行为的招呼语。图书管理员颇感不悦，非但没有向对方做出正面回答，还毫不客气地以“What did you say？”反问了对方一句。事实上，管理员做出这样的反应也是可以理解的，因为在图书馆这种特定环境中不打招呼就抛出话题，在西方可被视为态度生硬、缺乏教养，而这种表现会伤害对方的感情。

## 三、称呼语用分析与教学

称呼是当面使用的表示彼此关系的名称，在英美社会中同样拥有独特的称呼规则。以一个姓名为 Henry Jones 的人为例，根据不同的场合或关系，对其有不同的称呼。在工作中，上级会称呼其为“Boy”，下级会称呼其为“Sir”。在家庭中，“Sweet heart”是爱人对其的称呼，“Dad”是孩子对其的称呼。对于身份相当的朋友来说，也可以根据场合灵活选择对 Henry Jones 的称呼。例如在私下，可以称呼其为“Pinky”，在身份较低的人面前会称其为“Mr. Jones”，在正式的场合会称其为“Mr. Chairman”。由此可知，对于一个人使用何种称呼，应根据场合和双方关系进行选择，这在交际中是需要特别注意的。

虽然社会中的称呼规则复杂多样，但仍然是可以对其进行分类的。布朗和吉尔曼（Gilman）就将称呼分为名字称呼和称号加姓氏称呼两类。他们还进一步指出，名字称呼标志着“关联”，称号加姓氏称呼标志着“权力”。“关联”即熟人之间不讲究身份的通过直呼其名以示亲密的人际关系。“权力”即一方为了体现另一方尊严而使用尊称。除了这两种类型的称呼之外，在会话中还存在不加姓氏的单独称呼。同招呼一样，称呼也能作为言语始发行为引发交际。

（一）名字称呼

名字称呼是一方为了引发与另一方的交际所做出的直呼其名的称呼，名字称呼通常使用在亲戚、朋友、同事之间。在使用名字称呼时，除了要考虑到双方之间的关系，还要考虑到具体语境是否合适。名字称呼作为一种言语始发行为，具有引起注意、建立交际关系的作用。在交际中使用名字称呼通常说明双方在平时关系密切，谈吐也较为随意。而当一方改变称呼方式时，就意味着双方之间的关系可能发生了变化。

例 10：

Pat：Mary，will you help me this evening ?

Mary：Oh，I’ m sorry I can’ t. But I’ ll be able to help you tomorrow.

例 10 是非正式的朋友之间的对话。通常来说，朋友之间的对话是比较随意的，并不拘泥于礼貌原则，直呼其名、直入话题就是朋友间具体的表现。因此 Pat 直呼 Mary 的名字完成交际的始发行为，并且在直呼其名后紧跟交际话题，而 Mary 在听到 Pat 以直呼其名的方式招呼自己时，必然会在心理上做出对方可能有事的反应，并将注意力集中于 Pat 之后的话题，这也为 Pat 话题的开展提供了便利。

对 Pat 的言语始发行为，也可用英国哲学家奥斯汀的“言语行为论”进行分析。充当始发行为的称呼语“Mary”，其叙事行为是说话者对听者的合理称呼；其行事行为是说话者表示有话要讲，提请对方注意；而其成事行为则是听者做好了听的准备。通过分析，也可以这样说，由于Pat始发行为得当，Mary又随即理解了他的说话意图，并相应地做出心理反应，因而交际获得了成功。

假设Pat使用称号加姓氏的称呼，由于这一类型的称呼标志着“权力”，因此双方之间的朋友关系可能发生了变化，朋友关系不复存在，Pat便不能随意提出请求帮忙的话题，且正式的称呼与直接提出话题之间也难以实现前后的呼应，在语义上是不连贯的。此外，这种前后不一的说法也违背了“质量准则”和“切题准则”。由此判断，Pat与Mary的交际将难以顺利进行。

（二）称号加姓氏称呼

称号加姓氏称呼即一方以这一形式的称呼作为言语始发行为引起与另一方的交际。称号加姓氏的称呼是说话人对于对方的尊称，能够体现对对方的尊重。称号加姓氏称呼的使用通常是由语境因素决定的。通常情况下若对方在年龄、身份、地位上较高，说话人会选择称号加姓氏的称呼，以表示自己对于对方的尊重。在一些正式场合中，出于礼貌说话人也会使用称号加姓氏称呼身份相同的人。

例11：

Sears：Mrs. Haynes？

Haynes：Yes？

Sears：Uh，I’m the father of one of your new students.

Haynes：Oh，how nice. That would…

Sears：Barry Sears is his name.

Haynes：Barry？ Oh，a delightful boy!

Scars：Well，I just wanted to check up on Barry’s progress.

Haynes：Oh，Barry is doing just fine really.

在例11中Sears用称号加姓氏的称呼“Mrs. Haynes？”作为言语始发行为，Haynes以“Yes？”作为应答，说明Sears成功引发了双方的交际。通常情况下，在用称呼作为言语始发行为后面一般紧跟话题，而在本例中，Sears在称呼Mrs. Haynes后，并没有紧跟话题，而是使用了问号，从而构成了一种特殊的称呼形式，结合语境来看，这是有一定道理的。对例11的对话进行分析可以发现，Sears的目的是想向Haynes老师了解儿子Barry的学习情况，同时还可以知道Sears并未与Haynes见过面。因此Sears在见到Haynes时首先需要确认对方的身份，并且由于双方之前并没有见过且没有介绍人介绍，因此Sears还要注意对Haynes称呼的得体。而“Mrs. Haynes？”这一称呼形式既礼貌地称呼了Haynes老师，又以合理的方式向对方提出了身份的确认。同时这一称呼还具有较大的弹性，若对方是Haynes老师，则可顺利开展交际，若对方不是则也不至于造成场面的尴尬。

（三）单独称呼

单独称呼是单独以性别而不加姓氏的称呼，主要用于称呼陌生人或者对于不熟悉或熟悉的男性或女性群体的称呼。也就是说，单独称呼有单复数之分，单数称呼即以单数形式对某些称号进行称呼，复数称呼即以复数形式对某些称号进行称呼。但对于有些男女性单独称号来说，需要根据语境选择使用单数或复数形式。单独称呼有时是一种尊称，有时则是中性称呼。处于交际需要，人们通常在公共场合或某些特定场合中以单独称呼作为言语始发行为。

1. 单数称呼

例 12：

Policeman：Lady，will you move your car？

Mrs. Hunt：Oh，I’m sorry. I’ll do it right away.

例 13：

Shop Assistant：Madam，can I help you？

Mrs. Smith：I’d like to see some table clothes.

例 14：

Driver：Sir，may I leave now？

Policeman：Yes，you can.

上述三例中，“Lady、Madam、Sir”都属于单数称呼，分析对话可知，使用单数称呼是由于对方是单独者且是陌生人，说话人不清楚对方的姓氏，因此选择以单数称号称呼对方。在欧美社会中，这种称呼方式常见于公共场所。

“Lady、Madam、Sir”属于使用频率较高的称呼，在使用上，“Lady”和“Madam”的单数形式、复数形式都可使用，人们之间的会话通常以个体为主，因此单数形式使用较多。“Sir”由于自身用法的限制，在会话中只能使用单数形式。

2. 复数称呼

例 15：

Chairman：Gentlemen，well，let’s go on with the discussion over dinner.

All：That would be marvellous.

在例 15 中，复数称呼发生在会议室这一特定场合，主席用“Gentlemen”的复数称号称呼与会者。“Gentlemen”一词是复数形式，因此其后不能加姓氏。在英语中，常用的复数称呼还有“Ladies”“Boys”“Girls”等。

需要注意的是，用“Gentleman”“Madam”“Lady”的单数或复数形式充当言语始发行为时，其含义和性质不会发生变化，而“Boy”“Girl”则会发生变化。单数形式的“Boy”“Girl”通常表示侍者、服务员、雇员、仆人，常用于召唤；复数形式的“Boys”“Girls”则表示男生们、女生们，常用于称呼。

（四）称呼变化

虽然在交际中，一定的社会规则决定着说话人称呼的使用，然而这并不意味着人际交往中的称呼关系是一成不变的，实际上，在具体的语境中，称呼关系是会发生变化的。

1. 年龄和身份的称呼变化

例 16：

Manager：Mrs. Welsh，this way，please.

Visitor：OK. Thank you，Mr. Smith.

结合语境分析可知，经理（Manager）的年龄较大，而访客（Visitor）年龄小且身份不高。一般情况下，年龄大、身份高的人称呼年龄小、身份低的人是不会使用尊称的，但是有时由于语境的限制，也会使用尊称。在本例中，经理使用称号加姓氏的尊称“Mrs. Welsh”称呼访客，这是因为在英美社会中，在正式场合中与陌生人的初次接触需要使用尊称。若经理和 Mrs. Welsh 较为熟悉的话，经理就可以对 Mrs. Welsh 直呼其名，以示亲切。另外，作为访客的 Mrs. Welsh 由于其年龄小、身份低，在称呼经理时必须使用尊称，否则就会引起对方的反感，影响交际的效果。

例 17：

Employer：Mr. Wilson，I want Bill to typewrite some documents. Where is he？

Employee：He's in the next room.

Employer：Please ask him to come here.

Employee：All right.

结合语境分析可知，对话中的雇主（Employer）较为年轻，雇员（Employee）年龄较大。在会话中，雇主使用了称号加姓氏的尊称“Mr. Wilson”称呼雇员，并紧跟话题与雇员展开交际。从结果上看，双方的交际是较为顺利的，因此可知雇主使用尊称称呼雇员也是可接受的。雇主与雇员属于服务与被服务的人际关系，因此通常情况下雇主招呼雇员会直呼其名。但是在本例中，由于雇员年龄较大因此雇主对其使用尊称符合社会上对年龄大者使用尊称的原则。在这里，称呼中的 Mr. 其意思相当于我国文化中的“老”。当然，若雇员为了表现双方的亲近要求雇主直呼其名也是可接受的。

2. 职业上的称呼变化

人们从事某一职业会得来某一相应的称号或名称，如师傅、科长、厂长等。职业上的称呼在不同的会话语境中会发生一定的变化。就职业的性质而言，教师和医生与他们的工作对象学生和病人的接触是最为频繁的，因而学生和病人用职业称呼来触发与教师和医生的会话就很常见。不过，学生对教师、病人对医生的称呼并非是处处“口径一致”，而是有一定的变化。

（1）教师的称呼变化

例 18：

Undergraduate：Professor Jackson，I’ve got a question to ask.

Bill Jackson：What’s it？

Graduate：Bill，I’ve a question to ask.

Bill Jackson：Please go ahead.

Undergraduate or graduate：Dr. Jackson，I’ve one or two questions to ask.

Bill Jackson：Well，fire away.

Undergraduate or graduate：Mr. Jackson，I’ve some questions to ask.

Bill Jackson：Do，please.

例 18 表现了学生对于教授的称呼变化，本科生称呼他为“Professor Jackson”、研究生称呼他为“Bill”。若这名教授获得过博士学位，则无论是本科生或研究生都称其为“Dr. Jackson”。学生称其为“Mr. Jackson”也是可接受的，这里的“Mr.”意思相当于汉语中的“先生”或“老师”。

值得注意的是，少数英语称号之后不加姓氏的称呼语也属“权力”称呼范畴或尊称范畴。所以，“Professor Jackson”可简称为“Professor”，“Dr. Jackson”可简称为“Doctor”。但“Mr. Jackson”绝不可简称为“Mr.”，因为“Mr.”一词必须同姓氏连用，单独使用会使人听起来感到十分粗鲁，不符合英美人的称呼规则。如一定要单独表示先生或老师这一概念，可用“Sir”来表示，有趣的是，尽管“Mr. Jackson”不可简称为“Mr.”，但表示女老师的“Miss”却是可以单独使用的，因而学生将“Miss Jackson”简称为“Miss”是不会有任何不妥的。可见，对教师的称呼，有时要因人而异，有时又可灵活使用。

（2）医生的称呼变化

例 19：

Patient：Doctor，I have a bad headache.

Patient：Doctor Jones，I have a bad headache.

在例 19 中，病人对于医生的称呼有单独称号和称号加姓氏两种形式。若病人不知晓医生的姓氏，就会使用单独的称号称呼医生以引起交际。若病人知晓医生的姓氏，则可以使用称号加姓氏的称呼引发与医生的交际。在西方社会中，加姓氏与否对于引起医生的注意以及表达对医生的尊敬来说效果相同，都能达到引起交际的效果。但是，在汉语社会中，加不加姓氏可能会在效果上有所区别。在汉语社会中，不加姓氏的称呼听起来缺少感情色彩，显得比较平淡。而加姓氏的称呼能表现出病人与患者不是初次见面，能够起到联络感情或拉近双方距离的作用，效果要比不加姓氏的称呼好。中西方对于医生称呼的差异是由理解上的差异造成的，因此，中国人在称呼英美医生时，不必加上中国人的感情色彩。

## 四、召唤语用分析与教学

召唤也具有沟通交际的功能，也可以作为言语始发行为。召唤较为简单，不需要添加姓名，“Excuse me”或“Waitress”就能够起到召唤的作用。在特定的语境中，人名也能够作为召唤语使用，例如“Joe，how are you？”，在这句话中虽然 Joe 在形式上是称呼语，但实质上却是召唤语，这句话属于先召唤后招呼问候的表达方式。“Hi”等少数的招呼语，在特定的场合也能作为召唤语使用，其区别主要表现在声调、语调上。召唤之后必然会跟有一定的内容，这是召唤的重要特征，在这一方面来说，召唤与称呼在用法上既有相似又有区别。例如人们在相遇之后可能会打招呼，但是有时招呼完成交际也就结束了。但是召唤在打招呼之后还会有一定的交际内容。在英语中，除了问候性的召唤外，召唤通常被分为询问性召唤、要求性召唤、提醒性召唤、服务性召唤、交谈性召唤五种类型。

（一）询问性召唤

询问性召唤是指说话人为了向听话人询问某些问题或了解某些情况而发出的召唤。英语中的询问性召唤语通常有“Uh”“Er”“Excuse me”“Thank you”等。

例 20：

Mr. Smith：Excuse me. When does Flight 213 from New York City arrive？

Information Girl：Eighteen.

Mr. Smith：Thank you.

例 20 是说话人向对方询问时间而发出的召唤。说话人以“Excuse me”为召唤语引发了对话，在召唤语之后紧接着提出了询问航班到达时间的请求。“Excuse me”属于正式的召唤语，被使用的频率也是最高的。

例 21：

Woman：Er，have you seen a little girl in a red wooden hat？

Policeman：Sorry，I haven’t.

例 21 中使用“Er”作为召唤语。由于其语体较为不正式，因此使用频率也不高，但是其也有着自身独特的用法。“Er”的发音时间较短，能够节省时间，当说话人遇到紧急情况时，就会使用“Er”作为召唤语。在本例中，女人因为自己的孩子走失显得十分焦急，因此在与警察的对话中使用“Er”作为召唤语，并急切地提出寻找孩子的问题，以求能够尽快获得对方的反馈信息。“Uh”的特点与用法与“Er”相同。

例 22：

A：Thank you. I’m so sorry to trouble you，but can you direct me to the nearest bank？

B：Yes. It’s in the High Street. As a matter of fact，I’m going in the same direction myself，so if you’ll come with me，I’ll show you.

A：That’s very kind of you.

本例中，说话人以“Thank you”为召唤语，引起了对话，并向对方询问了关于银行位置的问题。“Thank you”虽然也属于正式语体，但是其作为召唤语使用的频率较低。“Thank you”作为召唤语除了能表达歉意之外，还能够表达出谢意，相当于汉语中的“谢谢您”。中国人在向陌生人询问时间、地点等问题时，通常都会以“谢谢您”为召唤语。

此外，为了在表示歉意的同时表示敬意，在召唤语之后还会加上“sir”“miss”“please”之类的用语，其目的是保障交际气氛的和谐，使询问者顺利达到目的。例如“Excuse me，miss. Could you tell me the time？”也可以将其看作询问性召唤的一种形式。

人们发出询问性召唤往往具有明确的目的，通常是为了寻求对方的帮助。因此，只要具有相同社会知识的人，在收到说话人的召唤时都能够明白对方的意思，会在听完说话人的询问后为其提供力所能及的帮助。当询问时间、地点等问题时，只要始发行为得当，通常不会遭到拒绝，因为这种拒绝被认为是有损社会公德的，会伤害对方的感情，引起询问者的愤慨。因此只要召唤符合社会文化准则就能够顺利达到交际目的获得帮助，若召唤形式不恰当则会引起交际的失败。

例 23：

A：What time is it ?

（B ignores the question）

A：What time is it ?

B：Were you talking to me ?

例 23 是一次关于询问时间的对话，而这次交际没有成功。在会话中 A 直接以“What time is it ？”向 B 提出询问，由于其没有使用任何召唤语，因此 B 没有搭理他，A 再次以“What time is it ？”进行询问，B 不得不根据惯例做出了“Were you talking to me ？”的回答，以此间接地表达了由于没有使用召唤语而无法应答的信息。

对于陌生人召唤性询问通常较为正式，而熟人之间的召唤则有所不同。

例 24：

Hi，here. Know the time ?

本例中，以“Hi，here”作为召唤语，可以用于熟人之间。“Know the time ？”则是对“Do you know the time ？”的省略。作为熟人，对语句进行一定的省略是正常的。熟人之间的询问方法与陌生人之间的询问方法存在较大的差异，二者绝不可混用。因此，对于召唤行为来说，语体的选择需要根据具体的情景、对象、地点和话题而定。

（二）要求性召唤

要求性召唤是指陌生人在公共场所为了借用某样东西以及人们在开会、听课、听讲座时为了提出某种要求而发出的召唤。要求性召唤通常会以“Excuse me”作为召唤语充当言语始发行为，但在开会、听课、听讲座时，也会使用“May I be excused ？”作为言语始发行为。

例 25：

Harry：Excuse me. Have you got a light by any chance ?

Peter：I'm afraid not. I don't smoke.

Harry：That's a shame. My lighter doesn't work. It's out of oil.

Peter：I suggest you ask that man sitting in the corner. He smokes.

Harry：Excuse me. Could you give me a light，please ?

Bob：Yes. Here you are.

Harry：Thank you.

通常情况下，在公共场合向陌生人借东西是不太常见的情况，但有时出于需要会发生向陌生人借东西的情况。例 25 就是一次关于借用打火机的对话。Harry 首先以“Excuse me”作为言语始发行为，以“Have you got a light by any chance？”作为交谈内容，向 Peter 提出了借用打火机的请求，但由于 Peter 不抽烟而失败。Peter 建议其向坐在角落的有抽烟习惯的 Bob 借用打火机，于是 Harry 再次以“Excuse me”作为言语始发行为，向 Bob 提出了借用打火机的请求，并成功借到了打火机。这说明，只要召唤得当并且请求合理，要求通常会得到满足。

例 26：

Green：Excuse me，Mr. Chairman. May I have a word with Mr. Smith？

Chairman：Certainly.

Green：（to Mr. Smith）There is a long-distance call for you from London，James.

Mr. Smith：Thank you. May I be excused，Mr. Chairman ？ I’ll be right back.

Chairman：Of course，you may.

例 26 的对话发生在开会的过程中，Green 以“Excuse me”作为召唤语向 Chairman 提出了与 Mr. Smith 说话的请求，并得到了允许。分析对话可知，Green 并非与会者，他的目的在于通知作为与会者的 Mr. Smith 接听电话。会场属于严肃场所，因此非与会者如有事情需要先向会议主席提出请求，得到允许后方可行事。在会话中，Green 使用了正式的“Excuse me”和“Mr. Chairman”的尊称作为言语始发行为，符合规则，因此他的请求也得到了允许。

类似上例中非与会者因事前往会场通知与会者的情况并不常见，但是作为与会者来说，要提出要求性召唤的方式是相同的，也应使用“Excuse me，Mr. Chairman”作为言语始发行为，并在得到允许后进行活动。此外“Excuse me”作为要求性召唤，还可以用在课堂或讲座中，用于发表看法、提出问题等活动。

在本例中，Mr. Smith 使用了“May I be excused，Mr. Chairman？”作为召唤语。这种形式的召唤表示召唤者向作为活动组织者的 Mr. Chairman 请求暂时离开正在进行的活动。这种句式既表示召唤又表示请求允许做某事，其在用法上与“Excuse me”有较大的差别。当说话人想要提出发言的请求时，只能使用“Excuse me”。

（三）提醒性召唤

提醒性召唤是指当人们在公共场所中发现某人正在或已经发生某件值得提醒的事情时所做出的召唤，“Hey”是最常用的提醒性召唤用语。

例 27：

A：Hey，you dropped your wallet.

B：Thank you.

在本例中，A 通过“Hey”向 B 发出召唤，对 B 发出了“you dropped your wallet”的提醒。在公共场所中，陌生人发出的“Hey”的召唤，能够显示出被召唤者正在或已经发生的事情使召唤者感到惊讶，当被召唤者听到陌生人“Hey”的召唤就会提起警惕，注意自己是否发生了某事。

在以“Hey”引发的交际中，后面不加称呼类用语而直接表达话题是其重要的特点，这一点尤其应引起学生的重视。因为在我国，人们通常习惯在交际中使用称号，若以中国的语言习惯在英美社会发出提醒性召唤，如将例 27 表达为“Hey，Mr. You dropped your wallet.”，就会显得多此一举，令人难以接受。此外，在具体语境中，不加姓氏单独使用“Mr.”是一种不人性化的做法，会使对方感动尊严受损。

（四）服务性召唤

服务性召唤是指人们在饭店、商店、旅店、车站等公共场合为寻求服务向服务人员发出的召唤。

例 28：

Customer：Waiter，this soup is cold.

Waiter：I’ m sorry，sir. I’ ll change it for you.

例 28 是发生在餐馆中的对话。在对话中，顾客直接使用了表示对方身份的“Waiter”对其进行召唤，并提出了“this soup is cold”的交际意图。在特定场合下，顾客向服务员直接提出交际话题是符合西方社会习惯的。至于召唤是否会产生轻视傲慢的语气，则是由语气和语调决定的，与召唤语本身没有必然联系。

值得注意的是，在对话中虽然顾客在召唤语的使用上并没有任何顾忌，但是其在表达话题时却充分讲究了语用策略。在表达对“汤是冷的”这一问题的不满时，顾客并没有直接指责侍者，而是使用间接的语言要求侍者将汤换掉，遵循了交际中的礼貌原则。

中西方在社会文化准则上存在较大的差异。在中国，召唤语与服务人员的正式身份可以是不一致的，例如对于侍者的召唤语可能使用“同志”之类的用语，将其套用在英美社会就会使对方难以理解，影响交际效果。

（五）反应性召唤

反应性召唤指的是发话者为了使受话者先做出一定的言语反应后再与其进行实质性交谈而往往以“Excuse me”作为发出的召唤。这也就是说，反应性召唤与询问性召唤、要求性召唤、提醒性召唤和服务性召唤的不同之处在于前者不紧跟话题，后者则要紧跟话题。

例 29：

Policeman：Excuse me，sir.

Mr. Manson：Yes？

Policeman：This is for you.

Mr. Manson：What is it？

Policeman：It’s a ticket.

Mr. Manson：A ticket？

Policeman：Can you see that notice？

Mr. Manson：Yes.

Policeman：It says“No Parking”. You can’t park your car here.

Mr. Manson：This isn’t my car！

交通警察的日常工作主要是维护交通秩序并对交通违章和事故做出处理，出于工作上的需要，交通警察会以召唤方式来实施言语始发行为。一般来说，发话者在用了“Excuse me”后，便可直接表述话题。但在例 29 中警察并没有直接表述话题，而是再用了一个尊称“sir”，构成了“Excuse me，sir.”这一警察实施言语始发行为时常用的召唤形式。警察以这种表达方式进行召唤，能显示出其对 Mr. Manson 的尊重。当然，警察向 Mr. Manson 发出召唤不是要求其提供什么帮助，而是有事要与其交谈，所以警察并没有在“Excuse me，sir.”后直接表述话题，而是等着对方做出一定的言语反应后再慎重行事。事实上，当 Mr. Manson 以“Yes？”做出应答后，警察才以“This is for you.”为题与 Mr. Manson 展开了实质性交谈。

例 30：

A：（opening the door of B’s office）Excuse me for interrupting.

B：Oh，come in，A.

A：I’m terribly sorry about not getting all the things you needed this morning. It must have been very embarrassing. I hope you’ll forgive me.

B：Well，I was a bit upset at first，but as it turned out it didn’t really matter.

如例 29 一样，在例 30 中 A 以“Excuse me for interrupting.”一语做出召唤后也没有直接表述话题不过，尽管两例在召唤的语用功能上是相同的，但在召唤的场所、形式和内容上则是不同的。“Excuse me，sir.”是警察在街上处理交通违章和事故时常用的召唤形式。其内容固定，意为“对不起，先生。”而“Excuse me for interrupting.”是一种由“Excuse me”加上表示原因的“for”介词短语组合而成的常在室内使用的召唤形式。

在例 30 中 A 之所以要以“Excuse me for interrupting”发出反应性召唤，是因为 A 知道打开 B 的办公室门会对正在办公的 B 带来了一定的干扰，因此他需要为自己的开门行为在召唤的同时就向 B 表示道歉，然后等 B 对他的召唤做出言语反应后，再向 B 做出话题表述。事实上，B 在其“Oh，come in，A.”的应答中以感叹词“Oh”接受了 A 的道歉，并以“come in，A”同意了 A 进来面谈。可见，A 在特定的语境中以“Excuse me for interrupting.”这种特定的召唤方式来实施言语行为的做法是符合规范的。

## 第二节　非言语始发行为教学

### 一、非言语始发行为概述

在日常会话中，人们常用招呼、称呼、召唤等用语来充当言语始发行为，但出于需要也用“身势语”（kinesics）来充当非言语始发行为。“身势语”是指表意的身体移动、体距远近、身体姿势、面部表情、眼睛活动、手势等这些非言语行为。

在面对面的会话中，非言语行为能传递大量的交际信息。对于会话中的非言语行为现象，不少学者都做过研究。不过，他们的研究主要探讨非言语行为在会话过程中是如何起到语言的辅助作用的，很少涉及非言语始发行为，因此有必要对其进行专门的分析。

言语始发行为因其在会话中出现的频率较高而成为人们较多谈论的话题，而非言语始发行为则不然，事实上，就这两种始发行为的作用而言，并不存在孰重孰轻的问题，非言语始发行为同样具有引起他人注意、触发交际的功能。人们实施何种始发行为，自然在很大程度上要取决于会话时的语境及人与人之间的亲疏程度。非言语始发行为表达方式颇多，尤以目光、拍肩、挥手、举手等为常见的表达手段。

## 二、目光接触的语用分析与教学

人的眼睛能够传递信息，因此也能够起到交际的作用。有学者在谈到目光的交际作用时认为:“人与人之间的交际几乎只有在目光相遇时才能开始。”这一论述不无道理。在引起对方注意、触发交际的过程中，目光起到不可小视的作用。下面以乘客之间、顾客和营业员之间、熟人之间及师生之间通过目光接触引发的交际现象为例进行分析。

（一）乘客间的目光接触

现代人的生活离不开交通工具，有事外出会乘坐汽车、火车、轮船、飞机等交通工具，因此人们需要在车站、码头、机场等公共场所等候。由于彼此为陌生人，因此偶尔的目光相遇往往会使人感到不自在，甚至产生不安的感觉，因此人们总是寻求躲避目光，当陌生的乘客想要展开交谈时，他们往往会以目光充当始发行为引起交际。

例 1：

（Mr. Taylor is on the plane. He is going to America. He is talking to a stranger.）

Mr. Taylor：Do you live in London？

Stranger：Yes，I do. I live in Hampstead.

Mr. Taylor：Hampstead！ I live in Hampstead，too. London is a funny place. I don’t know my next-door neighbor.

Stranger：I live in Pont Street.

Mr. Taylor：That’s funny！ I live in Pont Street，too.

Stranger：I live at Number 24 Pont Street.

Mr. Taylor：I live at Number 23 Pont Street！ You’re my next-door neighbor！ My name’s Taylor.

Stranger：My name’s John.

Together：How do you do？

例从 1 中可以看出，Mr. Taylor 在与陌生人交谈之前并没有使用诸如“Hello”“Hi”“Good morning”之类的能用来表达言语始发行为的用语，而是直接以“Do you live in London？”为题与陌生人展开交际。从陌生人的应答语“Yes，I do. I live in Hampstead.”以及随后两人交谈的内容来看，陌生人不但接受了 Mr. Taylor 的交际方式，而且还非常愿意与其交谈，由此可以推断，Mr. Taylor 在与陌生人展开交际之前必是用目光实施了非言语始发行为，即在与陌生人的目光接触后才展开了交际。不然的话，陌生人是不可能及时做出反应的。

上例是陌生乘客之间以家庭住址为话题展开的一次谈话。但是通常陌生乘客间通常会以天气为话题展开交谈。天气话题在西方社会被认为是一种中性的、非争论性的话剧，谈起来既自在，又不会得罪人。此外，对于天气的表述无论是在语言结构上还是在用词上都比较简单，即使文化程度不高的人在谈论天气话题时也不会遇到困难。因此，以天气为话题向陌生的乘客展开交际，不但不会遭到拒绝，还能够得到对方积极的回应。

例 2：

A：Nice and bright this morning.

B：Much better than yesterday.

A：The wind will probably get up later.

B：I hope it won't rain.

A：I hope so.

例 2 便是陌生乘客间关于天气话题的一次对话。首先，A 直接以"Nice and bright this morning."引出天气话题，B 则以"Much better than yesterday."做出积极的回应。这也表明，陌生人在谈论天气话题时，可以不用招呼等言语始发行为，只需要以目光充当非言语始发行为，在双方目光接触后即可直接展开天气话题的交际。

从例 2 中也可以发现，A 与 B 的对话所使用的语句较为简练。A 的"Nice and bright this morning."和 B 的"Much better than yesterday."都省略了主语和谓语（It is）。这说明提出天气话题和应答天气话题在表达上是件很容易做到的事情。再从另一方面看，A 和 B 在谈论天气话题的整个过程中显得非常和谐。当 A 以"Nice and bright this morning."提出话题后，B 马上以"Much better than yesterday."来迎合 A 的说法。当 A 以"The wind will probably get up later."一语表示对遭遇刮风天气的担心时，B 更是以"I hope it won't rain."一语希望天气不要糟糕到下起雨来而再次迎合 A 的说法。有趣的是，A 在会话结束时对 B 的"I hope it won't rain."一语也报以"I hope so."的迎合，这进一步说明了天气话题在陌生人之间的可谈性。

（二）顾客和营业员间的目光接触

商店、市场和超市都是人们的购物场所。在这些较为拥挤的地方，顾客和营业员或营业员和顾客之间更多的是通过目光接触这一非言语始发行为来触发双方的交际的。

例 3：

（A young man went to a car showroom. He was wearing rubber boots and a dirty jacket. He needed a haircut badly and was unshaven. The young man examined an expensive car carefully and then turned to speak to the salesman.）

Young man：How much does this car cost？

Salesman：Thirty thousand pounds.

Young man：I' ll have sixteen of them.

Salesman：You' re joking. I' m afraid we can' t help you. This car is not for sale. You can go to the showroom on the other side of the street.

（The young man went to the showroom on the other side of the street and finally bought 16 expensive cars.）

例 3 是顾客与销售人员关于购车的一次对话。通常来说，当销售人员认定顾客有较高的购买意愿时，就会通过目光关注顾客的举动，一旦有了销售机会便会主动上前与顾客攀谈，向顾客介绍车型、价格、性能等。在本例中，作为顾客的青年男子衣衫不整、外表邋遢，这使得销售人员对其购买汽车的能力产生了怀疑，因此也不会以目光注意他的举动。当这名年轻顾客对一款豪华轿车做了认真的检查并决定购买时，由于没有销售人员上前，他只得自己前去询问价格。这时，作为顾客的年轻男子就会向销售人员投去目光，并以此作为非言语始发行为引发与售货员的交际。

例 4：

Salesgirl：Can I help you？

Jean：Have you got any peas？

Salesgirl：No，we haven' t got any peas. We' ve got some French beans.

Jean：No，thanks. I prefer peas to French beans.

Salesgirl：We' ve got some good tomatoes.

Jean：No，my husband doesn' t eat them. He only eats two vegetables—peas and carrots.

Salesgirl：We' ve got some vegetables，but not peas and carrots.

在例 4 中，作为蔬菜销售员，职业本能使她对于顾客十分关注。一旦有顾客向自己的位置靠近，销售员就会向其投去目光，当双方目光相遇时，销售员就会主动招呼顾客。由于市场内人来人往，因此销售员通常使用目光作为始发行为，而不是使用“Hi”“Good morning”等招呼语作为始发行为。在特定的语境下，非言语始发行为会具备特殊的含义。在本例中，销售员将目光投向顾客，顾客不回避销售员的目光，这就说明顾客接受了销售员的非言语始发行为，销售员就可以开展接下来的交际，可以由销售员提出“Can I help you？”话题，而在销售员提出“Can I help you？”之前由顾客表达对于某种商品的购买需求也是可接受的。

（三）熟人间的目光接触

在非正式场合，人们的交谈总是相当随意的，一般不会讲究什么礼节。就会话的始发行为而言，发话者可以不直呼其名，仅传递一下目光即可，而受话者也会心领神会。下例就是朋友之间传递一下目光做无声的示意。

例 5：

（A and B are going to meet their friend C from overseas. C is late.）

A：Can we call C at his hotel？

B：Right. Let me get hold of him. Oh，why，my cell phone isn't here in my pocket.

A：You did call in the room half an hour ago.

A 和 B 一起等候他们的朋友 C 已有一段时间，而 C 迟迟未到。这使得他们感到有些着急。为了弄清 C 为何迟迟未到，A 以“Can we call C at his hotel？”向 B 提出了建议，A 并没有用称呼来实施始发行为，而是用目光作为非言语始发行为，表明自己有话要说。这里，目光所起到的交际功能等同于称呼，目的在于引发两人之间的交谈。

作为朋友，发话人既可用称呼也可用目光来引发交际。当交际双方对视时，发话者一般会用目光来引起对方的注意，反之，则会用称呼语。此外，关系亲密的朋友一般会以目光充当始发行为，因为人际关系越亲密，实施始发行为的方式也就越简单。这种做法正好符合利奇对礼貌原则中的得体准则的描述，即说话人的言语行为有利于说话人，那么所说的话越简单、越坚决，就显得越有礼貌。用非言语始发行为的目光来代替言语始发行为的称呼，这一做法在诸如家庭成员、亲戚、同学之间的日常会话中也是很常见的。

例 6：

（Alice and Tommy are with their mother. They are walking in the park. The children are tired. Their mother are tired，too.）

Tommy：Can we sit on the grass，mum？

Mother：No，you can't，Tommy. The grass is wet.

Alice：Look，mum！ I can see a bench near that tree. We can sit there.

Mother：No，you can't，children. The bench is wet，too.

Alice：It's not raining，mum. The bench isn't wet.

Mother：Can't you see a notice on the bench，Alice？ It says "Wet Paint"！

在例 6 的对话中，两个孩子的年龄很小，因此他们一个看不出草是湿的，另一个看不懂长凳上所写的"油漆未干"的字样。一般来说，当小孩想要向妈妈说些什么时，他们的习惯做法是先看着妈妈的眼睛，再说出想说的话。小孩与母亲目光的相视就是一种用目光触发交际的方法。因此例 6 中的 Tommy 在向妈妈提出"Can we sit on the grass，mum？"之前，使用了目光充当非言语始发行为。

（四）师生间的目光接触

在课堂这一正式场合中师生之间也会通过目光引发交际。

例 7：

Teacher：What information had Mr. Robinson sent his guests？

（Nobody stands up to answer it，and nobody raises his/her hand either，but Bill is staring at the teacher.）

Teacher：Bill.

Bill：（stands up）He had sent them detailed instructions and enclosed a sketch map.

Teacher：That's right. Please continue to answer another question. Why was Mrs. Robinson worried？

Bill：Because the guests were due to arrive at six-thirty. It was a quater past seven，but they will hadn't appeared.

Teacher：OK. Thank you. Sit down，please.

教师在讲课的过程中，会时不时地用目光观察学生的动态，学生也会盯着教师的目光。由于要顾及全体学生，因此教师不会将目光停留在某个学生身上，这种情况下，师生之间不会形成目光对视，也就不会由目光引发师生的交际。当教师向全体学生提出问题并要求回答时，教师会用目光环视学生，寻找愿意回答问题的同学。愿意回答问题的同学可以坐着或站起来直接回答问题，也可通过举手或将目光投向教师的方式表现自己的意愿，而不愿回答或无力回答的同学则会有意躲避教师的目光，避免因目光相视而被指定回答问题的可能。那些有能力回答却不愿主动回答的学生则会通过目光与教师接触，表现出自己愿意回答。本例中 Bill 就是通过与教师目光接触，从而被教师指定回答问题。

## 三、手势的语用分析与教学

不同的手势用于不同的语境能够表达不同的含义。在日常交际中，有时出于需要，人们也会以手势的非言语始发行为引发交际。拍肩、挥手、举手是常用的作为非言语始发行为的手势。

### （一）拍肩

拍肩的非言语始发行为也可用于多种场合，能够表达问候、提醒、鼓励、赞扬、劝阻、警告等多种意思。拍肩的首要作用在于引起他人注意，从而为交际的建立起到穿针引线的作用。在某些特定的语境中，拍肩的交际功能是言语始发行为难以替代的。从具体的功能上来说，拍肩可以分为通知性拍肩、阻止性拍肩和提醒性拍肩三种类型。

#### 1. 通知性拍肩

通知性拍肩是指一方为了通知对方做某事而采取的以拍肩方式引发交际的非言语始发行为。

例 8：

（Team A and Team B are having a football match. Team A is leading by the score of three to two. There are only ten minutes left. Coach Duke of Team B is worried about it. He goes to John，who is a centre-forward and watching the football match carefully，and pats him on the shoulder.）

Coach Duke：（to John）Blair is too tired to be fast. Please be ready to replace him. We mustn’t lose this important match.

John：I know，Coach Duke.

例 8 是发生在足球比赛中的教练与队员的对话。当时 B 队 2 ：3 落后于 A 队。B 队教练 Duke 十分着急，他走到替补中锋 John 的身边拍了他的肩膀，并通知他做好替补 Blair 的准备。John 的回答“I know，Coach Duke.”表明他接受了教练的安排。

在比赛中，教练通常使用拍肩膀的方式引发与替补队员的交际。赛场属于公共场合，如果教练通过言语方式直呼其名喊叫替补队员，不仅会被认为是粗鲁的做法，影响教练的形象，也会对球员的心态造成影响，对比赛产生不利的影响。

#### 2. 阻止性拍肩

阻止性拍肩是指一方为了阻止对方的行为而采取的以拍肩方式引发交际的非言语始发行为。

例 9：

（A mother is talking with her daughter while they are watching a play in the theatre. Sitting behind them，Tom cannot hear the voice from the actors clearly，so he has to touch the mother on the shoulder softly in order to ask her to stop talking.）

Mother：（turning round）I' m sorry.

（Tom nods his head.）

例 9 发生在剧院的场景中，Tom 为了阻止一对母女的讲话行为而实施了拍肩的非言语始发行为，并阻止了她们继续讲话。Tom 没有使用言语始发行为而是使用拍肩这一非言语始发行为是由其所处的语境所决定的。在剧院中，说话本身就是一种不礼貌的行为，若 Tom 以言语始发行为阻止这对母女的讲话，那么 Tom 本身也说了话，这本身就是一种影响他人观赏的不妥当行为。同时，还可能对交际效果造成消极影响，不但可能没能阻止对方，反而还会引发争执，对其他人的欣赏造成影响。因此，在上课、开会、听讲座、观看节目时，人们通常使用拍肩的非言语始发行为阻止他人讲话，以保证现场安静。

例 10：

（Standing in front of a beautiful car，a man looks into it and finds there is nobody but a bag in it，so he attempts to open its door and steal the bag. At this time，a policeman happens to pass the car and notices the man' s act. He goes towards the man and puts him on the shoulder.）

Man：（turning around and seeing a policeman）I did nothing，but just had a look at this beautiful car.

Policeman：I hope you will behave yourself.

Man：I will，sir.

在英美社会中，当警察发现某人行为不端时，往往是先阻止其行为，再对其进行教育或警告，而不是等其触犯法律后再予以逮捕实施教育。在例 10 中，警察发现了一名形迹可疑的男子，企图盗窃车内的提包。这名警察走到可疑男子的身边拍了他的肩膀，阻止了其偷盗行为的实施。当该男子以"I did nothing，but just had a look at this beautiful car."进行辩护时，警察则以"I hope you will behave yourself."对其进行警告。

在例 10 中警察没有使用言语始发行为，很大程度上是出于对交际效果的考虑。如果警察使用言语始发行为，就会引起可疑男子的注意，并可能引发众多的行人对男子的行为的注意，从而引起不必要的围观。拍肩的行为则具有较强的针对性，能够引起该男子的条件反射，有利于警察有效制止其行为。由此可知，选择使用言语始发行为或非言语始发行为，很大程度上取决于所处的语境，这一点需要在交际中引起注意。

3. 提醒性拍肩

提醒性拍肩是指一方为了提醒对方某事而采取的以拍肩方式引发交际的非言语始发行为。提醒性拍肩有着较高的使用频率。

例 11：

（Mr. Smith is walking on the busy road. Suddenly，he sees a necklace fall on the ground from the neck of an old woman before him. Mr. Smith hurries to her and touches the woman on the shoulder.）

Old woman：Yes？

Mr. Smith：Your necklace fell on the ground.

Old woman：Oh，thank you.

在例 11 中，老太太的项链没有系牢，在走路的过程中掉了下来。她身后的 Mr. Smith 发现了这一情况，不宜使用像“Hey”这样表示言语始发行为的召唤用语来提醒老太太将项链拾起，于是他上前拍了老太太的肩膀。对于 Mr. Smith 的拍肩行为，老太太做出了“Yes？”的反应，这表明 Mr. Smith 成功引起了老太太的注意，并引发了双方的交际，在拍肩行为的铺垫下，Mr. Smith 提醒了老太太“Your necklace fell on the ground”。

除了街上，在拥挤的商场、影院、车站、码头、集会，以及拥挤的汽车和火车上，丢失东西的事是屡有发生的。在这些场所，当有人丢失东西时，看见者多半会走上面轻拍一下丢失者的肩膀，提醒其将东西拾起，而一般不会对着丢失者大声呼叫来提醒其将东西拾起。这是因为在拥挤的公共场所大声呼叫别人，在英美人看来，是一种很不礼貌的行为，容易引起人们的反感。

同样，在拥挤的场所看到朋友而高声招呼，这在英美社会也是难以接受的，甚至会被视为一种粗鲁的行为。而走上前轻拍一下朋友的肩膀来触发交际，则是一种得体的通常做法。

例 12：

（Mr. Smith works in a company near his home. He has a habit to take a nap in the afternoon at home. He begins his afternoon work at thirteen o’clock. Now it is half past twelve，but he is still sleeping. Being worried about it，his wife is going to wake him up.）

Mrs. Smith：（goes into the bedroom）Bill，wake up. It’s time for you to go to work.

（Mr. Smith is still sleeping and doesn't hear her）（Mrs. Smith touches Mr. Smith on the shoulder）

Mr. Smith：（opening his eyes）What time is it？

Mrs. Smith：It's half past twelve. You'd get up.

Mr. Smith：Thank you for waking me up.

例 12 中，Mr. Smith 并没有像往常一样在 12 点半醒来。因此 Mrs.Smith 便进入卧室提醒 Mr. Smith 该上班去了。但由于 Mr. Smith 还在熟睡，因此听不到 Mrs. Smith 说的话。Mrs. Smith 转而采用拍肩的方式，唤醒了 Mr. Smith。在这一语境中，Mr. Smith 处于熟睡状态，除非是响亮或者喧闹，否则通常的言语行为很难唤醒熟睡的人，因此采用拍肩的非言语始发行为比言语始发行为的效果更好。

（二）挥手

挥手能传播多种意思，如招呼、再见、过来、停止等。在日常交际中，人们出于需要也可以用挥手来实施非言语始发行为。就挥手的类型来看，大致可分为招呼性挥手、召唤性挥手和停车性挥手等三种。

1. 招呼性挥手

招呼性挥手指的是会话的一方在较远的地方挥手招呼对方以引发交际的一种非言语始发行为。

例 13：

Mr. Hunt：There's someone waving to us over there.

Sheila：I wonder who it is.

Tim：Hello，everyone.

Sheila：Tim！ What are you doing here？

Tim：I've got to see a client in Dover this afternoon，so I drove here first.

Sheila：How nice！ How long will you be staying in Geneva？

Tim：I'll be staying there for nine days.

Sheila：I'm sorry！ What did you say？

Tim：I said "I'll be staying there for nine days".

Sheila：How wonderful！

熟人相遇总会打招呼，不过在打招呼中还有一个距离问题。当双方距离较近时，说话人通常会用言语始发行为打招呼，双方距离较远则可能以挥手充当打招呼的行为。因此，打招呼并非都是言语始发行为。

例 13 中 Tim 向 Mr. Hunt 等人共打了两次招呼。第一次是 Tim 手伸出车窗外在远处挥手打的招呼。第二次是 Tim 停车后在近处用“Hello”打的招呼。这两次虽然都是打招呼的行为，但是作用不同。Tim 的第一次招呼是非言语始发行为，作用在于引起对方注意。Tim 的第二次招呼已不再是言语始发行为，而是问候对方。可见，以何种招呼方式来实施始发行为应视具体情况而定。

例 14：

（Jimmy and Donald are good friends. They both like basketball. They haven't seen each other for a long time. Today，they separately go to the local gymnasium to watch a basketball match. When Jimmy takes his seat，he finds Donald is sitting just opposite him. He is very happy and excited to see him，so he stands up and waves his greetings to Donald. Seeing Jimmy is waving to him，Donald waves back to Jimmy in acknowledgement. Then， Jimmy asks Donald to come to his place by waving.）

Donald：（coming near Jimmy）Hello，Jimmy！

Jimmy：（shaking hands with Donald）Hello，Donald. How's everything with you？

Donald：Fine. How about you？ Is there anything new？

Jimmy：No. Nothing much.

为了吸引 Donald 的注意，Jimmy 站起来向 Donald 挥手打招呼。此后 Donald 向 Jimmy 所做的挥手招呼则表明 Jimmy 的挥手已引起了 Donald 的注意。这说明，通过挥手招呼两人已建起了“无声”交际关系。

接着，Jimmy 将挥手改为招手。这是“无声”交际的延续行为。然后，Donald 的“Hello，Jimmy.” 和 Jimmy 的“Hello，Donald. How's everything with you？”则说明了两人进入了“有声”交流阶段。

由挥手到招手再从招手到会话这一系列的行为中，正是由挥手建立了双方的交际关系，才有了此后无声的招手示意和有声的两人会话，所以说，例 14 中的挥手是一种非言语始发行为，它有效地引发了双方的交际。

在英美社会的一些较为拥挤的公共场所，当人们看见远处有朋友或熟人时，会以挥手来建立双方的交际关系，而不会以高声喊叫他人名字来建立双方的交际关系，因为前者在社会上是获得肯定的，而后者则是不可接受的。

2. 召唤性挥手

例 15：

（Mr. Evans and Mrs. Evans are waving at the exit of the railway station to meet their son Tom from London. Tom is informed that his parents will meet him at the exit. Therefore，he looks here and there for his parents shortly after he goes out of the gate of the exit. When he sees his parents waving to him among the crowd，he waves back and walks to them.）

Tom：Hello，dad. Hello，mum.

Mr. Evans：Hello，Tom.

Mrs. Evans：How are you today，Tom？ I hear you weren't well last week.

Tom：I'm much better now.

Mr. Evans：What was the matter？ Nothing serious，I hope？

Tom：Oh，no. I had a bad cold and had stayed in bed for two days.

Mrs. Evans：I'm glad you're better，anyway. Let's go home now.

Tom：OK.

在车站、机场、码头的出口，迎接的人一旦发现自己要接的人从出口出来，通常会对其挥手示意，而被接的人注意到有人向他挥手时，也会以挥手做出回应。例 15 中，Tom 的父母以挥手充当非言语始发行为，引发与 Tom 的会话。在接下来的对话中，Tom 的“Hello”只是起到问候的作用，而不再是一般意义上的言语始发行为。总之，在接人的过程中，接与被接的任何一方先挥手示意，都可以被看成一种非言语始发行为。

3. 停车性挥手

停车性挥手是指一方为了使行驶中的汽车停下并与司机交谈而挥手示意的一种非言语始发行为。

例 16：

Mrs. Hunt：Honey，you've passed a policeman. Please drive slowly.

Mr. Hunt：It's all right.

Mrs. Hunt：No，it isn't. You've got to stop. The policeman is signaling you.

Mr. Hunt：Oh，dear. We're going to be late.

Policeman：May I see your driving license，please？

Mr. Hunt：Yes，here it is.

Policeman：And your insurance certificate？

Mr. Hunt：This is a hired car. Here's the form.

Policeman：Right. Your speed's been sixty miles an hour. The speed limit's fifty on this road. It's a dangerous road.

Mrs. Hunt：But you haven't stopped the faster car.

Policeman：That's right，but I've stopped you. I'm not going to report you this time. But remember，drive carefully.

例 16 是一段警察与司机关于超速行驶的对话。警察发现有人超速行驶，就得让违章司机把车停下，上例中 Mrs. Hunt 对 Mr. Hunt 所说的 "The police is signaling you." 说明警察正在实施非言语始发行为。警察之所以用挥手这一非言语始发行为而不用其他言语始发行为来示意 Mr. Hunt 停车，是约定俗成的。

警察挥手示意停车是一种常见的现象，但挥手示意停车还能够用在其他场合，如想搭车的人也会对正在行驶的车辆做手势示意停车。因此，停车性挥手在西方人的日常生活中也是一种很常见的现象。

（三）举手

举手也属于一种非言语始发行为，能够表示赞同、反对、有话要说等意思。作为始发行为，举手在行为的表达上与拍肩和挥手有所区别。拍肩和挥手是一种动态行为，即举起的手还要再做出拍肩和挥手的动作。举手是一种静态行为，即举起的手基本上不再做出动作。由于表达行为的不同，它们所使用的场合也就有所不同。拍肩和挥手较多地用于非正式场合，而举手则较多地用于正式场合。在开会、讲座和上课时人们都有可能以举手的方式暗示非言语始发行为。

1. 开会时的举手

例 17：

Chairman：Ladies and gentlemen，let's begin our meeting. This afternoon we're to discuss the proposal to start a reading club. Many suggestions have been put forward about it. It's about time we came to some sort of decision.

（Mr. White raises his hand.）

Chairman：Mr. White，please.

Mr. White：I suggest that a special committee be appointed to study all the suggestions that have been made. It'll save time and…

Mr. Tate：（interrupting）But that'll mean another meeting. Why not…

Chairman：Please don't interrupt，Mr. Tate. You'll have a chance to speak later.

Mr. Tate：I'm sorry.

Chairman：Please continue，Mr. White.

Mr. White：Well，as I was saying，since there are so many suggestions.

Why not have a few people study them and make a report at our next meeting？

Chairman：Do you agree with Mr. White？

Mrs. Blade：I agree.

Mrs. Smith：I agree.That'll save time.

在会议上发言的方式会因会议性质的不同而有所区别。在非正式会议上，人们可以随意地发言。但在正式会议上，与会者一般要先向主持人举手示意，经认可后方能发言。例 17 中 Mr. White 和 Mr. Tate 这两位与会者的发言就很能说明这一问题。当主持人 Chairman 宣布完会议议程后，Mr. White 照章办事，通过举手这一非言语始发行为从主持人那儿获得了发言权。这点可从主持人所说的"Mr. White，please."一语中得到证实。当 Mr. White 的发言在中途被 Mr. Tate 打断后，主持人还以"Please continue，Mr. White."一语维护了他的发言。而 Mr. Tate 违背通例，擅自打断 Mr. White 的发言，结果被主持人以"Please don't interrupt，Mr. Tate. You'll have a chance to speak later."一语终止了发言。可见，在正式会议上，人们如想获得发言权，应以举手的方式来实施非言语始发行为，以便与对方有效地建立交际关系。

2. 讲座时的举手

例 18：

（Mr. Johnson is giving a lecture about "Why go to school？".Now he is talking about the aim of the learning.）

Mr. Johnson：I think there could be a lot more encouragement in doing things for their own sake，for getting the satisfaction out of them rather than this "rat race" that everybody's forced into for what is achieved at the end. I think a lot more should be done to encourage people to get the value of it themselves.

（Mr. Brown raises his hand）

Mr. Johnson：（to Mr. Brown）What would you like to say？

Mr. Brown：Do you think education is just something that takes place inside a school building，or is it an activity which takes place not only outside but right the way through your life？

Mr. Johnson：I think it started at the moment you're born，and it's going on all around you. It's not just taking place in a school building，but it should be part of your whole life.

如同会议一样，讲座也是一种正式的场合。当讲座者在台上阐述自己的观点或发表自己的看法时，台下的听众一般都会聚精会神地听着。当然，讲座也是一种学术交流。在讲座的某一过程中，听众也可以主动参与，与讲座者进行互动。为了征得讲座者的同意来陈述自己的意见，听众以举手的方式来获得发言权是一种讲究礼貌、尊重讲座者的做法，因而更加容易从讲座者那儿获得发言权。例 18 中 Mr. Johnson 对 Mr. Brown 所说的“What would you like to say？”是 Mr. Johnson 对 Mr. Brown 举手要求发言的这一非言语始发行为所做的认可反应。

3. 上课时的举手

例 19：

（Miss Mead is giving her pupils an English lesson. After explaining the text“Ashamed of Your Feelings！”, she is now putting some questions to her pupils to see if they can understand the next.）

Miss Mead：（to the whole class）How does the speaker think we should respond to our inner selves？ Who’d like to answer it？

（Responding to their teacher，many pupils raise their hands.）

Miss Mead：Rose，please.

Rose：（stands up and says）Admit them and face them.

Miss Mead：That’s right. Please sit down.

课堂是一种很正式的场所。在课堂上，教师都会要求学生回答问题。有时，教师会直接点名让某一学生回答问题。有时，教师又会叫全班学生自愿回答问题。这时，教师便会用目光扫视，看看哪些学生愿意回答。愿意回答问题的学生可能会站起来直接回答，也有可能举手要求或把目光投向教师以示愿意。尽管学生可以用这样或那样的方式来回答老师提出的问题，但在一般情况下，教师会叫举手的学生来回答问题，因为这是一种通则。例 19 中许多学生都举手，这是非言语始发行为的表现。教师一旦叫到某位学生回答，就会形成师生之间的口头交际场面。本例中老师以“Rose，please.”一语叫 Rose 回答问题，说明了 Rose 的举手行为触发了教师与她的会话。当然，在教师授课的过程中，学生如有问题要问教师，也可以实施举手这一非言语始发行为来触发与教师的课堂交流。

# 第七章　英语语用能力的培养途径

在不同阶段的英语教学中，都存在着一定的忽视语用能力培养的现象，这对于我国英语教育质量的提高和英语人才的培养造成不利的影响。因此，应从不同的教育阶段入手，对英语教学的实际进行分析，并根据具体的情况，选择合适的方式，加强对学生语用能力的培养。传统英语教学的弊端已日益明显，语用学与英语教学有着密切的关系，以语用学为指导开辟新的英语教学方向，对于英语教学的改革具有积极的作用，这也是我国英语教学新的发展方向之一。

## 第一节　基础教育英语教学语用能力的培养

### 一、小学阶段的英语语用能力培养

语用能力是小学英语教学当中非常重要的培养环节之一，它是检验小学生对于英语语言运用能力、表达能力以及对于英语文化理解的关键之一。近年来，随着我国新课标改革的不断加快和小学英语教学理念的不断更新，小学英语教学当中学生语用能力培养的重要性也不断地显现出来。因此，小学英语教师应当转变传统的应试教育教学理念，提高对于小学生英语语用能力培养的重视，加强小学生对于英语文化的理解和语用能力的培养，从而全面提升小学生英语使用能力的综合水平。

#### （一）提高语用能力培养意识

思想意识决定了行动的具体形式。小学英语教师要想有效加强小学英语教学当中对于小学生语用能力的培养，其首先应当要做的就是，更新自身的教学观念，改变传统只重视理论教学而忽视实践应用教学的低效教学模式，提高对于小学生语用能力培养的重视。小学生的英语语用能力属于实践学习的范畴，然而以往由于受到传统应试教育教学观念的影响，小学英语教师在开展英语教学的过程中，主要重视对小学生的理论知识教学，在对小学生的实际英语应用能力和语用能力方面缺乏一定的培养重视度认知。具体表现为很多小学生没有掌握英语的工具性和人文性的双重功能，虽然能够记忆小学英语的单词和语法等理论知识内容，但是对于英语的文化和运用方面并没有具体的认知，进而造成了小学生在日常的英语实际运用当中，出现了很多用词不当，以及语用错误等问题。

例 1：

T：Who knows the difference between English culture and Chinese culture？Please give an example.

S：Teacher，me！ Me！

这是课堂中师生之间的一次对话，教师向学生提出了英汉文化差异的问题，学生们争抢回答问题。在对话中，学生的回答“Teacher，me！ Me！”就是典型的英汉文化混淆所造成的语用不当。在英语中，这样的回答没有任何的语法依据或日常用语表现，在英语中争取的表达方式应为“I know”。由此也可以看出，小学英语语用能力的培养是极为重要的，对于教师来说，应该更新教学观念，提高对语用教学的重视。

（二）创设语用语境

在小学英语教学当中，语用能力主要是指在一定的场景下，正确的英语单词和句子的表达方式，以及正确的英语俗语和日常月语的表达方法，因此，小学英语教师要想有效地在小学英语教学当中加强对于小学生英语语用能力的培养，提升小学生英语实际运用能力，其就应当从语用本身入手，通过积极创设教学情境的方法，为小学生创造更多的实际锻炼机会，从而有效地提升小学生的英语语用能力。

例（2）

A：Today we need to buy snacks and daily necessities. Do you think the first kind to start will be better？

B：I think we should start from the daily necessities to buy，because the daily necessities are relatively small.

A：OK，let’s go to buy some shampoo，shower gel and toothpaste. We’ll go shopping for chips and fruit.

B：Well.

例 2 是教师为学生创设的关于去超市购买零食和日用品的情景，教师可以在课上选择两名同学模拟情景进行对话的演示，以实现对学生语用能力的训练。这样做有利于学生准确掌握英语单词和语法，提高学生的语用能力。

（三）创新教学评价方式

教学评价是小学英语教师对小学生一段时间内总体学习能力和质量的综合评价，它是对小学生学习能力和付出的肯定，对于小学生而言，影响非常大。因此，小学英语教师一定要充分地认识到这一点，并且积极应用教学评价来提升小学生的语用学习自信，让小学生能够更加自信、更加积极主动地开展英语语用学习。比如说，以往的小学英语教学评价由于受到传统应试教育的教学观念影响，其在教学评价这一块，主要是单一的根据学生学习成绩好坏来进行评价，这种教学评价模式很容易造成小学生学习的不平衡发展，不利于小学生的语用能力培养和提高。因此，针对这一不足，小学英语教师可以科学地更新教学评价的内容，将单一的成绩评价转化为多元化的知识与实际应用能力评价，从而有效地提升小学生对于英语语用能力培训的重视。与此同时，小学英语教师还应当加强对于自身专业素质的培养，发挥自身对小学生思想和行为的引导作用。一方面，小学英语教师要巩固自身的英语专业学科知识能力，另一方面，小学英语教师还应当加强自身文化交际的意识和能力，从而有效地为小学生的语用能力培养提供更加有力的后备力量支持。

小学生的语用能力高低，直接影响着小学生对于英语的实践应用能力和表达能力，也是检验小学生是否真正理解英语单词和短句意思的重要标准，其对于小学生的英语学习质量的提高至关重要。因此，小学英语教师应当积极采取科学有效的教学策略和理念，科学地开展小学英语的学生语用能力教学，从而全面地提升小学生的英语使用能力。

## 二、中学阶段的英语语用能力培养

具体来说，对中学生英语语用能力的培养，可通过以下途径进行。

（一）调动学生积极性

在中学英语课堂教学中，教师可以设计不同的教学模式。将学生学习英语的兴趣调动起来，使学生能切实感受英语课堂的魅力，积极配合教师，主动投入英语课堂学习中，以真正提高英语学习效率。

此外，可让学生对各种“真实”的角色进行扮演，以开展语言交流，通过对角色人物心理和行为的体验和尝试，而更深刻地记忆和理解所学内容，由此促进学生语言交流能力的发展。实践证实，这种教学方法是行之有效的。在中学英语教学中，教师应结合学生的个体差异和爱表现的特点，努力营造各种情景，为学生提供扮演各种角色的机会，使学生能置身于真实的语言情景中，对所学的语言知识进行实践，进而对自身的语用能力进行发展。

（二）扩充教材知识

对于中学生来说，课堂教学是开展语言交际的重要载体，能帮助学生对英语知识进行系统的学习看，为此，教师需要将课堂时间合理安排，将知识学习与运用的关系协调好，在课堂教学的每一个环节中，渗透学生语用能力的培养，真正实现学以致用。教师可采用多种形式，如情景对话、儿歌和游戏等学生喜爱的方式，将学生的主体性凸显出来，和学生充分互动，使课堂成为学生英语交际的欢乐场所。

但是，课堂教学不是培养学生语用能力的唯一场所。虽然受到非母语环境的制约，英语日常交际的环境匮乏。但教师可向课外延伸，利用一切资源，创造英语交际条件。可以开展一系列新颖多样、内容丰富的英语实践互动，如英语夏令营和沙龙活动、情景剧表演赛、演讲比赛等；同时，还可举办英语角，将外籍教师的作用充分发挥出来；举行英语学习网络交流和特色社团活动，开展纯英语交流；并利用宣传栏和广播电视等媒体，对学生的学习成果进行展示。通过浓郁的英语学习氛围的营造，而形成浓郁的英语学习特色文化。还可采用小组合作的方式，对交际话题精心选择。以其他的合作共同体为单位，让学生带着合作任务学习。通过多向或双向活动的运用，真正培养学生的语用能力。在这个过程中，教师应积极参与，并对整个活动进行合理和全面的调控。

（三）实施多样化教学

一方面，教学在教学中应充分调动和发挥学生的想象力，可以采用故事续编的方式，根据原先的语境，开展故事的讲述或者后续描述。故事续编作为一种创造性的讲述，不仅能对学生的想象力和创造力进行培养，还对培养学生的语言运用能力发挥着重要的作用。中学英语教学应与课堂教学内容相结合进行故事的续编，应充分调动学生的想象力，在已有的语言知识的基础上，放飞思维，对自身的语言运用能力进行发展。

对于中学生来说，课堂中的游戏是学生们喜闻乐见的一种活动。游戏能充分调动学生学习的兴趣，使学生在“学中玩，玩中学”。这样不仅可以将学生参与的积极性和兴趣调动起来，还可以启发学生积极思考，对学生语用能力和思维能力进行拓展。教师在中学英语教学中，应善于开动脑筋，奇妙地结合游戏和语言输出活动。为学生营造轻松和愉悦的英语课堂氛围，使学生的语言交流和实践在不知不觉中展开。

（四）转变培养重心

《义务教育英语课程标准》以学生“能用英语做事情”的描述方式，对各级目标要求进行设定，重点对学生综合运用语言的能力进行培养。从语用视角出发，对英语语言知识进行呈现，以提升学生“用英语做事情”的能力。从现实生活中语言使用的实际情况为立足点，丰富实践教学的形式和内容。同时，教师在教学的过程中，应把握住时机，对相关语言和语用中的文化元素恰到好处地讲解，通过对中外文化异同的了解，使学生对目标语言项目的真实用法更好地加以掌握。

在对英语知识进行讲授时，教师通常会将口语教学作为重点。中学英语教学的实践性极强，所以教师应不局限于教材，还应在日常生活化的对话中，将培养学生的语用能力作为重点。英语的写作与阅读、听力和口语，都体现了学生的语用能力，尽管通过口语练习，能够提高语用能力的运用，但口语练习并非是语用教学的全部。为此，教师应积极转变课堂教学的培养重心，将语用教学贯穿在平时的讲授过程中，使学生的语用能力进一步提高。

《义务教育英语课程标准》中指出，英语教学能提高学生的语言技能，使学生更好地掌握语言知识。同时运用所学的语言知识开展实践活动，对学生的语用能力进行培养，真正实现学以致用。为此，中学英语教师应加强研究语言输出活动，引发学生有效反馈语言学习情况，通过在实践活动中更好地运用语言知识，深入地开展英语语用活动，进而真正提升语言能力。

## 第二节　职业教育英语教学语用能力的培养

### 一、中职阶段的英语语用能力培养

（一）中职阶段语用教学存在的问题

1. 学生的英语综合素质不高

由于中职教育在我国没有受到足够的重视，这就导致中职学生自身素质良莠不齐，英语基础水平整体较低。近年来，伴随高校扩招的浪潮，普通中职招生规模进一步扩大，致使中职院校生源质量进一步降低，甚至出现了许多近乎“无门槛”招生的中职学校。可以料见，在这种情况下，中职学校学生自身英语文化基础水平很低，中职英语教学面临诸多难题。在这样的背景下，我国的中职学生英语基本功差，对于英语的应用能力也就难以得到保证。

2. 学生的学习积极性不高

从语用学的视角来看，中职学生的还存在着对英语知识学习和应用积极性不高的问题。具体来说，中职学生学习英语的兴趣不强，积极性不高；中职学生英语基础差，畏难情绪强，学习兴趣和积极性难以激发和提升。据相关抽样调查数据表明，中职学生喜欢英语的仅占 10%，有学习兴趣的学生仅占 15%，在这种情况下，中职学校开展英语教学可谓是举步维艰。

3. 教师的教学能力有待提升

从语用学的角度来看，中职英语教师不能满足面向就业的实用型教学要求。纵观我国中职院校英语师资情况，可以发现以下几个问题：首先，目前的中职英语教师年纪较大。年纪大的英语老师通常来讲教学经验较为丰富，但他们过分拘泥于传统理论性英语教学，与社会新事物和就业理念相脱节，与学生不可避免地存在代沟，不利于师生间的沟通与交流，阻碍着中职英语教学效果的提升。其次，一些年轻教师缺乏实用化教学经验。与年纪大的英语教师相比，年轻教师虽然在新事物了解与语言基础上具有一定优势，但是这部分教师欠缺教学经验，未能将英语教学与社会用人需求有效整合，导致中职英语教学在很大程度上脱离了就业导向。

4. 英语教材难以满足语用的实际需求

从语用学的角度来看，中职英语教材编写仍拘泥于传统理论性教学模式，未充分考虑到就业需求与学生实际状况，教材难度大、实用性差，打击学生学习的兴趣和积极性。同时，现行英语教材缺乏目的性与针对性，不符合时代需要，难以满足提升中职学生英语运用能力的实际需求。

5. 忽视对英语语用能力的培养

从语用学的角度来看，目前的中职英语教学过分注重教学结果，忽视教学过程。当前虽然许多中职学校打出的口号是以社会就业需求为人才培养目标，但在教学上做的工作显然不够。众所周知，培养学以致用型人才是一个循序渐进的过程。在教学中，需要以实际教学活动来向学生灌输学以致用的理念，重视教学过程，但中职英语教学过分注重教学结果，轻教学过程，难以实现学以致用型英语人才培养目标。

（二）中职阶段英语语用能力的培养途径

1. 重视英语的合理运用

从语用学的角度看，进行英语教材的选用应倾向口语化和交际化。由于中职学生英语基础较为薄弱，传统的语言学理论基础较强的英语教材显然不能适应中职学生的实际需求，采用这样的教材会使学生产生较强的畏难情绪，影响到学生的学习兴趣。因此，在教材的选用上应选择词汇偏容易、词汇量偏少，能够突显社会新事物的口语化、交际化教材，使学生能将学到的英语知识学以致用，满足就业需求。

2. 加强对学生实际能力的培养

从语用学的角度来看，英语课程的设计要面向就业需求，开发适用于中职学生的英语专用教材。中职教育的教学宗旨是以就业为导向，为社会输送大批专业化、实用化、应用型人才。对此，与普通高中英语教材相比，中职英语教材应该体现其面向就业的实用化特色，紧紧围绕学生职业能力的培养开发专用英语教材，与社会就业岗位技能需求紧密结合，依靠知识与技能的充分结合体现英语教学的实用性。具体来讲，中职英语教材改革应该体现以下几个原则：首先，从语言学习角度看，中职英语教材必须以实用为标准。语言学习需要一定的基础，在中职英语教学中，并不是说完全不顾英语基础知识去追求就业型、实用型英语教学，这种想法必然会使实用化英语教学效果大打折扣，应明白没有稳固根基的建筑只能是海市蜃楼这个道理。其次，中职英语教材的开发应体现专业特色。中职学校专业较多，各个专业并不是需要选择一成不变的同一英语教材，毕竟每个专业对学生英语能力的要求不同，不同专业英语教材应具有一定的差异化。如机电专业英语教材应体现机电知识，旅游专业英语应体现旅游英语词汇和术语。最后，中职英语教学应着重体现应用性、职业性特点和循序渐进过程，坚持因材施教的教学方略，面向社会就业需求，根据英语教学特点系统整合英语教学，使英语教学充分适应社会发展需求，培养学生的创新和应用能力。

3. 注重对学生兴趣的培养

兴趣是最好的老师，在中职英语教学中，要使学生喜欢学习英语，自觉地将所学到的英语知识应用在实际工作和生活中就必须强化对学生英语学习兴趣的培养。对学生英语学习兴趣的培养应从以下几方面做起：首先，在教学过程中，开展丰富多彩的教学活动，将英语学习融入生活中，培养学生学习兴趣。在课堂教学中，教师应摆脱传统英语理论教学的束缚，开展生动的课堂教学活动；同时，在正常教学活动之外，教师还应该开展校内英语活动，举办英语角等英语课外实践活动，激发学生参与热情，使学生自觉将英语知识运用到实践中，提升学生英语知识的实用性，满足就业需求。其次，尊重英语教学的开放性特点，在教学中密切与外界进行交流和联系。中职学校可以不定期邀请英语教育专家开展讲座，学习中职英语教学的有益经验，使中职师生能够有机会接触到外聘专家，相互探讨、交流英语教学与学习体会，从而进一步提升英语教学的实用性。

## 二、高职阶段的英语语用能力培养

语用能力可以解释为运用语言进行得体交际的能力。为使语言表达得体、合适，语言的使用者就必须学会针对特定的语境，考虑到社会和文化因素，灵活、合理地使用语言。但我国的高职英语教学一直以来以培养学生的语言能力为主要目标，重视对单词、语法的讲解，忽视了对学生语用能力的培养。培养的学生英语词汇量很大、语法结构分析透彻，各类英语考试成绩优秀，但当需要用英语进行交谈或简单的交际时，大多数学生却表现出胆怯、无奈，无法使用合适、得体的语言来表达自己的观点，导致交谈或交际的失败。高职学生英语语用能力的匮乏已成为影响英语的交际的主要障碍，因此如何在高职英语教学中培养和提高学生的语用能力就成了高职英语教育的首要目标。

### （一）高职公共英语语用教学存在的问题

#### 1. 教材与教学内容难以满足语用需求

首先，由于高职院校注重学生的专业技术学习，公共英语采用的都是一本综合类的教材，如《新编大学实用英语教程》等，这类综合教材缺少单独的口语教材和口语课程，综合类教材中学生锻炼口语的机会较少，学生的英语应用能力较差；其次，很多高职英语教师由于课时任务重，没有给学生补充文化背景知识，学生没有接触到关于英语文化习惯或习俗的相关内容，例如会话含义、礼貌原则等，这样培养出来的学生不能进行有效的交际。

#### 2. 教学手段和教学方法难以满足语用需求

首先，据调查，很多高职院校公共英语课采用的是大班授课的形式，教师的教学方法较单一，教学手段不灵活，大多数教师讲授知识仍采用满堂灌的形式，学生在课堂上与教师互动较少，口语练习更是没有机会。其次，有些高职院校甚至没有多媒体，教师无法结合现代教学手段进行教学，学生更无法身临其境地感受纯正的英语，对异国的风俗更是知之甚少，这样培养出来的学生口语能力较差，无法进行正常的交际。

#### 3. 师资队伍建设存在问题

首先，很多高职院校英语教师由于受“重基础、轻实践”理念的影响，自身语用意识不强，在课堂上只是讲解英语的知识点，认为学生只要掌握单词、词组、语法等知识就可以了，轻视学生的口语、听力等方面的练习，导致学生的语用能力较差。其次，很多高职院校对公共英语课程不够重视，组织教师出国学习的机会较少，有些院校甚至很少组织英语教师培训，使教师自身的提高受到影响。

4. 对学生英语素养的培养重视不足

首先，高职院校的学生由于英语基础差，对英语不够重视，跟不上教师的教学进度，甚至教师进行口语互动时，仅有很少学生配合，学生的积极性不高。其次，学生的英语语用意识不强，有一些学生每天都在背诵单词、短语，英语语言基础很好，但是由于受应试教育的影响，学生认为没有必要练习口语，导致口语交际能力差。

5. 教学考评手段单一

现在高职公共英语的测评仍是以英语的笔试为主，学生的口语、听力等方面没有相关的测试，而且笔试的测试题仍是以语法、词汇为主，没有语境、文化习俗等方面的测试题，考评手段的单一导致学生对英语的学习还是以学习语言知识为主，语用方面的能力很难提升。

（二）高职公共英语语用能力培养的途径

1. 合理设置教材与教学内容

首先，高职学生的公共英语教材应选用实用型的教材，最好是原版的英语教材，听力和口语内容应是原汁原味的英语，这样才能增加学生对目标语的敏感性。其次，高职院校公共英语应该专门开设英语口语课程，在口语课堂上，让学生大胆地进行口语交际练习，学生通过口语课才能真正地学会使用英语，敢于用英语进行交流，提高他们的英语应用能力。最后，在英语课堂上，教师在学生进行会话练习时，应该给学生补充一些文化背景、文化习俗等方面的知识，例如交际原则、会话含义、礼貌原则等，并纠正学生一些文化上的错误，例如很多学生在说“老师，早上好！”时，还在误用“Good morning，teacher！”，这时教师应该及时地纠正。

2. 丰富英语教学模式与手段

首先，高职英语教师应转变英语课堂的教学模式，把以教师为主导、学生被动学习的课堂，转变为以学生为主体、学生主动学习的课堂。例如，教师制定出每次课的学习目标，学生利用词典、网络等多方面的资源，采用互相合作的形式来完成学习目标，增加学生学习的主动性和探索性。其次，教师可以利用多媒体、语音室等教学资源来丰富自己的英语课堂。教师可以放一些英语原版电影片段，让学生跟着电影来练习口语，达到视觉和听觉的双重体验；教师也可以创设各种对话情景，让学生置身其中，进行角色扮演等，通过这些教学手段，提高学生学习英语的兴趣。最后，教师可利用教学资源创建真实的外语语言环境和文化环境，给学生补充英语国家的历史、风俗习惯、生活方式等知识，让学生了解中国和西方文化习俗、生活方式的不同，并组织学生进行讨论，提高交际的成功率。

3. 加强师资队伍建设

高职院校应加大对英语基础课教师的培训力度，尤其是针对英语教师语用知识上的培训和交流。首先，学校可聘请外教开设一些语用知识培训讲座，并定期组织英语教师和外教进行学习交流，提高教师的语用能力；其次，学校可搭建平台，组织本校英语教师和外校教师进行学习交流，取长补短，达到双赢；最后，学校组织安排骨干教师到美国、英国等地学习考察，让教师和当地人进行交流，并体验当地的文化习俗等，提高教师的见闻和英语能力。

4. 提高师生的语用意识

首先，应提高英语教师的语用意识。只有提高英语教师的语用意识，才能引导和指引学生关注英语的运用，增加在课堂上对学生英语正确运用的培养，改变当前英语培养的模式，从对学生的英语语言能力的培养转变为对学生的英语语用能力的培养，最终达到真正提高学生英语交际能力的目标。其次，应提高学生的英语语用意识。现在高职学生花费大量的时间死记单词、短语等，但是却不知道如何正确使用，学习收效甚微。只有提高学生的语用意识，才能转变学生对英语学习的思路或途径。给学生输入英语语用知识，增加学生对语用能力正确性的认识，提高学生根据语境、习俗、会话原则等因素合适、恰当地使用单词、短语的概率，达到学习英语的目的。

5. 充分利用课外时间

公共英语课的学时较少，学生要提高自己的语用能力，仅仅利用上课时间是远远不够的。高职教师应鼓励学生合理利用课外时间，采取多种形式练习英语。首先，教师可鼓励学生以班级为单位，开设英语角活动，每次选定一些话题，让学生自己组织，大胆开口说英语；其次，教师可利用学校语音室、信息中心等资源，截取一些原汁原味的对话、电影等片段，定期让学生免费观看，并鼓励学生尝试背诵和总结；最后，根据学生的专业，收集一些专业英语术语和简单的专业对话等，让学生利用业余时间牢记。通过这些方式，让学生真正能使用英语，增加学习英语的兴趣和动力。

6. 完善考评手段

考评手段是学生学习的风向标，考试的内容和形式决定了学生学习的方式和方法。要提高高职学生的语用能力，必须设置合理的考评手段。首先，应增加关于语境、语义等方面的测试，如话语填充等方面的题目，让学生关注语用知识；其次，增加口语测试，设定一些话题，可以是口语对话等形式的测试，让学生真正开口说英语；最后，增加一些文化习俗、跨文化交际等方面的测试，让学生以考试为导向来了解异国文化。

总之，高职公共英语教学只有采用语用教学模式才能完成对学生的培养目标。高职院校通过精选教材，科学合理地设置教学内容、转变教学模式、丰富教学手段、加强师资队伍建设、提高教师和学生的语用意识、合理利用课外时间、设置合理的考评手段等方式来提高学生的英语语用能力，从而达到提高学生职业竞争力和就业率的目的。

## 第三节 高等教育英语专业语用能力的培养

### 一、大学英语专业学生的语用能力培养

（一）大学英语专业学生语用能力的现状

英语专业的学生比一般专业的学生对英语的学习更加系统和彻底，对语言能力的掌握应比其他专业的学生要好，使用英语进行交际的能力也应比其他专业的学生强。但由于学生语言能力和语用能力水平不均衡，我国英语专业学生的语用能力还存在一定的问题，主要表现为语用失误、跨文化障碍等。托马斯指出，语法错误可以从表层结构上看出并易被受话者察觉，受话者会认为这种错误是由于说话者缺乏足够的语言知识，可以被谅解，语用失误则不同，外语口语能力强的人出现语用失误，则会被认为缺乏礼貌或不友好，该交际失误便不会被归咎于语言能力的缺乏，而会被视为粗鲁或敌意。由此可见，英语专业的学生只具备扎实的语法知识、流利的口语能力、优秀的心理素质等是远远不够的，还必须具有较强的语用能力以及敏感的语用意识。

（二）大学英语专业学生语用的影响因素

1. 学生自身因素

学生自身的诸多因素对其语用能力发展和提高有重要的影响。虽然调查显示，学习者的语言能力不与其语用能力成正比，而学习者的性格也会影响其语用能力的发展。研究发现外向型学习者的英语语用能力显著高于内向型

学习者，而且性格越外向，其语用能力水平越高，性格越内向，语用能力水平越低。作为新世纪未来人才的主力军，学生们要有意识地弥补自己的性格缺陷，敢于开口，从而提高语言交际能力。此外，学习者的个性特征、学习策略、学习风格、学习态度等都会影响其语用能力。

2. 中西文化差异

语言是文化的载体，中西方文化有着很大的差异。对于英语中的一些单词，只有掌握其文化意义，才能正确地理解。以动物名称的词为例，“胆小如鼠”翻译成英语就是“as timid as a hare”，而“hare”则是野兔的意思。在汉语中，“龙”是中华文明的图腾，象征着王权和威严，但在英语中，“龙”却代表凶神恶煞的巨兽。因此，要想提高大学生的英语语用能力，就要帮助学生了解西方文化背景，明确中西方文化的差异，为提高语用能力做知识储备。

3. 对语用教学的忽视

长期以来，受应试教育的影响，教师只重视词汇、语法和阅读教学，而不重视培养学生的语言综合运用能力，从而造成大部分大学生出现“哑巴英语”的现状。因此，大学英语教师要改变以讲授词汇、语法知识为主的传统教学方式，注重提高学生的语用能力，给学生提供英语国家的社会文化历史背景知识，使学生具备必需的英语文化素养。同时还要尽可能创设真实的交际语境，帮助学生操练所学知识，从而提高学生的语用能力。

（三）大学英语专业学生语用能力培养的途径

1. 丰富语用教学内容

国内的英语专业学生接触自然真实的语言机会少，教材是接收英语语言输入的最直接、最基本的途径。传统的本科英语专业教材语篇类型和题材有限，且以文学性或议论性文体为主。其内容多是书面语言，缺少有利于培养学生日常交际能力的语境，也极少呈现明显的语用信息。很多课文经过了汉语本族语者的改写，在一定程度上损害了原文语用输入的真实性，对于学生语用能力的发展会带来负面影响。教学材料提供的不完整或令人误解的语言输入，容易导致学习者出现语用偏差，所以通常课本难以成为课堂学习的可靠语用输入来源。针对上述问题，在教学中需要依靠教师发掘教材中隐藏的语用信息。教师可收集英语广播、会议、日常交往等多种形式的会话，选取英语本族语者的电子邮件，乃至网络用语、微博等作为语用教学材料，以弥补目前教材的不足。在有限的课堂时间里，教师还可以精选一些原汁原味的视频向学生们展示，并结合语用学知识加以讲解，这样可以保证学生们置身于真实的二语环境中，进而提升学习者的语用语言能力、社交语用能力和语篇组织能力。

2. 充分利用网络与多媒体资源

学生在课堂上的训练时间有限，且教师不可能照顾到每个学习者，因此，要真正提高英语专业学生的英语综合能力，还需要课外训练作为补充。现代网络的飞速发展和大量的欧美情景剧的引入，为学生熟悉英语国家的文化、历史、政治、经济等背景提供了一个良好的学习平台，尤其是海量的网络资源，为英语学习者自主地、全方位地学习英语搭建了强大的网络平台，也为教师提供了更为丰富的教学内容。对于这种以现代化信息技术为主以网络技术为支撑，视频、音频资源极其丰富的新特点，教师一定要充分利用，积极调动学生自主学习英语的积极性。教师在教学过程中要帮助学生确立正确的学习目标，培养学生主动学习英语的兴趣，英语教学的目标就是培养学生使用目的语进行得体交际的能力。但成功地运用英语语言进行交际，单靠课堂内的学习和训练是远远不行的，还必须具备相应的语用能力，所以，课外学习和学生的自主学习是提高学生语用能力的必要补充。

3. 加强对学生的语用测试

要提高学生的英语语用能力水平，还必须改变目前以检测学生对语言知识的掌握情况为重点的现状，一个学期一场侧重考查学生语言知识水平的卷面考试并不能反映学生真实的英语应用能力，因此有必要加强对学生学习过程的评估。过程性评估也不应只考虑学生对单词、语法和句型的掌握情况，应更侧重考查学生参与课堂活动、运用英语进行交流的情况。语用测试应更多地考查学生所说出的英语，以及所采取的交际策略在特定的语境中是否恰当，卷面考试也应适当涉及对学生语用知识和能力的测试。

## 二、高职英语专业学生的语用能力培养

### （一）高职英语专业学生的语用能力现状

我国大学英语教学一直深受结构主义语言教学观的影响，长期以来过度注重语言形式，忽略了语言承载的文化知识积累，也忽略了对于语境的识别和顺应能力以及交际能力的培养，导致学生的语用能力滞后于语法能力。

1. 高职学生语用能力缺失

对高职英语专业学生英语语言能力和语用能力的调查结果表明，学生的语用能力与语言能力发展不均衡，语用能力普遍落后于语言能力，而且学习

者的语用能力和语言能力之间不存在相关关系。根据一项以书面作文形式对该学生群体进行的调查，高达83%的学生作文中存在不同程度的语用语言失误或社交语用失误。高职学生的社交语用能力普遍较弱，在实际情境中运用所学语言知识的经验十分匮乏。

2. 课堂教学存在局限

在我国高职院校的英语专业教学中，语用教学还未得到应有的重视。大多数学生认为大学教师在课堂中极少提及语用知识。首先，传统的以教师为中心的课堂互动模式大大地限制了学生获得语用输入以及使用语言的机会。其次，国内英语课堂的绝大多数授课教师都是非英语本族语者，其语用知识或多或少有一定的局限性。部分教师从未涉猎过语用学，甚至自己有时也可能犯语用错误，就更谈不上提供有效的语用输入或者进行语用教学了。语用输入是决定外语语用能力最重要的因素之一。没有输入就没有习得，在这种外语教学的环境下，即使克服了纯粹以教师为中心的弊端，这种典型的非本族语者之间的课堂交际模式也难以保证学生能获得足够真实的目标语语用信息的输入，自然也就难以保证学生在目标语语用方面的习得。

（二）高职英语专业语用教学的理论依据

综上所述，目前的高职英语专业教学普遍忽略了语用能力的培养，学生的语用能力现状不容乐观。在高职英语专业教学中构建以语用能力为主的教学模式，也具有一定的理论支持。

一方面，现有研究已经证实了语用（包括语用语言知识和社交语用知识）总体来说是可教的。而且语用教学（尤其是显性语用教学）与足够的实践机会相结合时，可以大大促进该方面能力的发展。相反，相关教学的缺乏将导致学习者的语用能力在很多方面不能获得充分发展。

另一方面，注意假设理论强调认知机制在输入中的作用，认为对语言输入的注意是一切输入内化为吸收的必要条件。新的输入在语言习得过程中不断地进入工作记忆，但输入停留在工作记忆中的时间很短暂。输入的语言项目越是明显，就越容易引起学习者的注意。当输入经过强化被凸显后，就可以唤起学习者对目标语特征的注意，只有能获得学习者一定程度注意的那一部分输入才可能转变为吸收。所以，在以课堂教学为主的EFL环境中，如果语用功能及相关的语境因素得不到凸显，自然就不容易引起学习者的注意，语用输入也就难以得到内化。

基于注意假设理论，语用教学可结合显性教学和隐性教学两种形式。语用的显性教学指教学内容中必须包含明显的规则解释，明确提醒学习者注意某一形式，并且提供元语用信息，但它并非孤立的规则讲解，因为它还强调交际活动和互动的重要性。而语用隐性教学注重把语用知识融于交际过程或语言使用过程中，通过各种教学活动让学习者发现语言规则，其成效在很大程度上依赖于学习者对语用形式的注意程度。

（三）高职英语专业学生语用能力培养的途径

1. 结合专业课程输入语用知识

目前高校本科英语专业普遍只把语用学作为语言学的一个章节进行讲授。而高职教育培养的主要为技术型人才和技能型人才，学术性不强，以“实用”和“会用”为原则，其英语专业不开设也没有必要开设语言学。对于高职英语专业来说，可以从以下方面开展语用教学。

有实证研究表明，在语用方面的有效课堂干预时间因不同的教学目标而异。对于如语用惯用语等比较简单的内容，几个课时乃至仅仅 25 分钟的短时课堂教学也可产生较好的效果。但要掌握如会话含义或语用流利等比较复杂的语用原理与技巧，学生则需要长时间持续接收语用输入，并进行合作性练习及元语用反思。

鉴于此，高职高专的语用教学应该贯穿于所有英语专业课中。高职英语专业教师迫切需要加强自身的语用意识，通过学习来丰富自身的语用知识，用语用学理论指导教学。在综合英语、英语听力等开设时间较长的专业基础课上，让语用教学与具体教学内容相结合，务求经过长期输入，使学习者最终掌握言语行为理论、礼貌原则、合作原则等较为复杂的语用知识和理论。长期的课堂输入还有助于唤起并增强学生的元语用意识，并培养他们的语境识别能力、语用策略意识、语体差异的敏感性等。在进行元语用知识讲解的同时，教师也可结合语用理论对教材进行分析，凸显其中的语境、言语行为、会话含义等内容，使理论转化为学习者易于理解和接受的有效语用输入。此外，在课堂上还可以为学生提供讨论和操练的机会，教师也能及时提供意见反馈。

2. 结合实训强化语用教学

高职英语专业与普通本科英语专业相比，具有学科上的共性，又带有高职教育的职业特征。因此，除了在专业课程中长期贯穿语用教学外，也可结合高职的教学特点以短期培训的形式进行语用强化教学。高职教育的英语教学更为注重应用性和针对性，高职院校普遍会在教学计划中结合其英语专业的具体情况，每个学期设置为时一到两周的短期职业技能实训活动，例如英语教育专业开展师范生英语基本功或英语课堂教学见习等项目，商务英语专业则开展商务礼仪或展会翻译等形式的实训实践。高职英语专业教学中的实训为学生提供了在真实语境中操练并积累语用技巧的绝佳实践机会。但鉴于目前的英语课堂对语用教学重视不足，在学生把语言知识应用于实践之前，有必要对他们进行语用强化培训，从而帮助他们在真实的交际活动中更好地避免语用失误的发生。

在实训前期，可通过专题课或讲座等形式为学生提供短期的语用强化培训，选择如指示语、语用惯用语等较为简单的内容进行元语用教学；在课堂上引导学生注意真实交际中可能出现的语用特征，鼓励学生在商务会谈、展会接待等真实语境中尝试使用适当的语用策略，观察英语本族语者的语用行为，并与自己实际表现的语用行为相比较，在言语互动中检验课堂上学到的语用知识。高职高专院校的实训活动每个学期开展一次，而本科院校往往在最后一年才开展毕业实习，相比而言，高职英语专业教学更具备把语用课堂教学与实践结合的优势，并可能取得更好的教学效果。

3. 为学生提供语用实践机会

学习者在课外如果能获得更多有效的语用输入，对于语用课堂教学无疑是非常有益的补充。教学中可以借助英语电影、电视、网站等包含丰富语用信息的媒体手段来为学生增加来源于英语本族语者的语用输入。例如电视剧里提供了丰富、多样和情景化的交际模式，生动再现了真实生活中可能出现的违反用语规范的情形及相应后果。目前，多数高职院校建有语言实训室或实训基地，储备了丰富的数据媒体资料，教师可提高这些媒体资料的利用率，结合课堂语用教学的内容，鼓励学生在课外利用语言实训室或网络资源收集并学习目标语的语用知识和例子，从而增加其语言及语用输入。进行交际活动还能促使学习者快而有效地获取并整合语言语用知识和社交语用知识。语言环境的学习者与英语本族语者进行言语交际的机会很少。教师可多要求学生课后自己创设情境，运用课堂学到的语用策略模拟真实的言语交际活动，进行角色扮演，然后再把课后的学习情况通过讨论、报告、表演等形式带回课堂展示。

4. 加强对语用能力的考评

测试的内容和形式在很大程度上决定着语言教学的内容和形式。多年来，我国对英语专业学生的主要评价方式依然是知识性的终结性评价，严重忽略了对语用能力的评价，语用教学也就难以得到重视。从长远来看，在测试手段和方法等方面重视语用能力测试，把对语用能力的考察作为语言测试里的常规组成部分，才能使整个外语教学成为一项以语用知识教学为重心、以语用能力培养为宗旨的语言教学系统工程。

为了克服目前评价方式的不足，高职院校教师可在校内测验以及在期中、期末等各种形式和层次的英语评价体系中，在综合英语、英语听力、阅读及写作等各门课程中全方位加强语用能力测试。常用的语用测试具体形式有选择性话语填充、书面话语填充、听说话语填充、角色扮演、自我评估等。其中通过选择性填充法和话语填充法测试收集的数据有助于评估学生的元语用能力，但难以反映他们是否真正能够在真实的交际中使用测试中涉及的语言表达式。而角色扮演法则要求学生进行实时的言语互动，恰好弥补了这一缺陷，能测量出学生对于语用知识乃至对于整个言语处理过程的掌控程度。因此，教学中可以根据实际需要选择或综合运用上述测试形式。

## 第四节　本科院校非英语专业语用能力的培养

### 一、本科院校非英语专业学生语用能力不足的原因

据资料显示，我国非英语专业本科生的语用能力远远低于其语言能力，即使是大学英语四、六级成绩很高的学生也难以掌握日常对话中的规则和习惯用语。因此，这应引起英语教育界的高度重视，找出学生语用错误的根源并采取针对措施提高学生的语用能力。笔者将从以下三点分析学生语言失误的原因。

#### （一）母语负迁移的影响

迁移（transfer），指的是学生在学习新知识时，将以前所学的内容和技能与新知识相互融合、影响的过程。对于语言学习来说，当母语与目的语规则相似点较多时，就能促进目的语学习，这一过程被称为母语的正迁移（positive transfer），反之，则会对目的语的学习产生干扰，被称为母语的负迁移（negative transfer）。由于汉语和英语的语言规则差异很大，因此母语的负迁移对二语习得产生了一定的干扰作用，如“Computer opens our sight of eyes.”这句话，从语法结构上看完全正确，但“open”和“sight of eyes”在语义上却无法搭配。再如，“For the last three years，there have been good harvests in agriculture.”这句话想表达的意思是最近三年农业一直保持丰收，虽然都能理解句子的意思，语法上也说得通，但“harvest”这个词本身就指的是农业上的丰收，因此“in agriculture”是多余的。以上两句话都是受母语

的负迁移影响而写出的中式英语，在语义上存在不相容的问题。

（二）学生的语境意识不足

学生受应试教育的影响，很少真正用英语与外国人交流过，因此过分注重语言的字面含义，而忽视了语境赋予的深层意义。

例 1：

T：Are you a little tired with your earlier class？

S：Yes，a little.

这是在下午最后一节课上师生之间的对话，教师发现学生无精打采，昏昏欲睡，于是提出了"Are you a little tired with your earlier class？"的问题。实际上教师并不是想对学生提出问题，其真实的意思在于提醒学生认真听讲，因此学生没有必要对教师的提问进行回答。但是由于学生们没有充分考虑到语境，导致对教师话语真实意思的曲解，做出了"Yes，a little."的回答，导致教师无言以对。在跨文化交际中这样的例子屡见不鲜，可见，缺乏语境意识是学生语用能力培养的一大主要障碍。

（三）非真实语料的干扰

自英语成为本科学习的必修课以来，教学中一直都过分强调语法的重要性，教材中的很多内容都是为提高学生的语法和应试能力而服务的，因此出现了很多不真实的语料，这些内容在语法中是正确的，但却不能运用到实际的交际中去。

例 2：

A：What is your name？

B：My name is Lehman.

A：Have you finished your task？

B：I have finished my task.

这样的对话在外国人听起来可能显得急躁而冗杂。在我国教科书中类似的对话很多，我们对此也毫不知情，因此学生总是有一种错觉，觉得回答得越复杂，就显得越正式，但外国人的语言习惯却是简单直接。可见，这样非真实语境的教材是不利于对学生语用能力的培养的。

## 二、本科院校非英语专业本科生语用能力培养的重要性

一直以来，英语在教学中都是知识课，以教师向学生传授词汇和语法知识为主要形式，学生在此过程中形成了一种误区，认为语言的学习就是知识积累，是不断记忆和重复的过程。但事实上，语言的学习是技能的培养，是

建立在大量的听说实践中的，只有在交流中学习到的语言才是真正的语言。受20世纪交际教学法的影响，人们一度认为语言流畅便是交际水平高的表现。其实，跨文化交际更要注重表达的合理与得体，否则过多的语用失误只会影响交际的顺利进行。语法正确的话在跨文化交际中并不意味着是合理的，得体、合适是语言交际最重要的原则。语言学家利奇的“合作原则”中的相关规定都是“得体”的具体阐释。我国教育学家董小红、洪刚、张宇等人的实践研究表明，较之语法能力，中国大学生的语用能力相对较差，这是教育的畸形。很多语言能力十分扎实的学生在跨文化交际中仍然面临许多困难。因此，采取针对性措施提高本科生的语用能力显得尤为必要。

已有的相关研究显示，很多早期的学者认为人的语用能力是无法提高的。洪刚曾对非英语专业本科一年级和四年级的学生进行了语用能力的考察测验，实验结果表明，一年级和四年级的学生的语用能力并没有明显差别，因此语言能力与语用能力不成正比的说法开始流行起来，这也一度打击了教师和学生的信心。然而，随着英语被广泛地应用到各个领域，关于语用能力的研究也日渐丰富起来，语用能力的可教性成为学者的研究重点。一些学者的研究结果表明，语用能力同语言能力一样具有可教性。他们还指出，显性教学在语用能力的培养上比隐性教学更具优势。显性教学强调对语言形式进行解释说明，而隐性教学则强调让学生在语言活动中自己发现规则。因此，将语用能力的培养贯穿于教学的日常中，在真实语境中潜移默化地练习对于提高语用能力更加有效。

## 三、本科院校非英语专业学生的语用能力培养途径

从目前的情况来看，非英语专业本科生的语用能力培养主要采用的是“1+3”模式，“1”指的是课堂教师传授的语用知识，“3”指的是学生的自主学习、选修课和交际活动。它们之间相互促进、相互补充，只有协调和配合好每一个环节，英语语用能力才能得到明显的提升。但这一模式并没有得到良好的利用，语用教学面临诸多问题。针对这样的学习现状，下面就提高非英语专业本科生语用能力提出以下三点建议。

### （一）增强语用教学质量

作为学生英语学习的主要阵地之一，课堂在提高语用能力的方面发挥着重要作用。如何在有限的时间内使学生的语言知识技能和语用能力得到双重提高是外语教师关注的焦点问题。根据克拉申提出的“输入假说”，输入是输出的基础和前提，但输入的内容一定要经过严格的筛选，质量也应大幅提

高。根据二语习得的普遍规律，教师应尽可能地为学生提供真实的语言材料，即母语使用者在真实情景下的语言。同时，对于学生有疑惑的地方应当着重讲解，为了提高学习效率，还要进行专项训练。比如，礼貌语的级别、禁忌语和委婉语的使用等。对于典型的生活场景，如生日派对的邀请、机场接人、面试采访、问路等，教师可以安排学生进行练习和实践，以提高学生对文化差异的敏感度和重视程度，唤起他们对于语用能力的认识，使其更加深入地体会说话者的真实意图。同时，在教学过程中，教师应帮助学生建立自信心，使其以积极的心态克服母语的负迁移作用。在口语对话实践中，基础差的学生难免会出现各种各样的错误，因此会有畏惧和反感心理。教师要对其进行积极的鼓励和表扬，帮助学生树立信心，增加对英语学习的兴趣，让他们知道，只有出错才能纠错，才能取得进步，语用错误才能在日积月累中改正过来。

（二）利用多媒体加强学生自主学习

由于课堂上的时间十分有限，所学知识必须经过反复练习才能被学生真正消化。因此，借助外力条件进行补充学习是十分必要的。多媒体在此过程中发挥了积极的作用。作为网络平台，多媒体能够让学生不受时间、地点的限制进行自主学习，使学生对课堂上教师所讲的语用知识进行进一步的强化和吸收。多媒体平台的最大优点是能够为学生提供丰富而真实的语料，学生能够通过网络接触到真实地道的英语表达，是非常好用的语用学习的辅助工具。教师可以利用多媒体给学生设置任务，为他们提供好的语用学习的网站，引导他们合理使用网络资源，提供更多的互动交流机会，从而使课堂教学得以很好的延续。

（三）开设相关选修课

英语学习不是英语专业学生的专利，同样语用学也不是英语专业的专利。学校开设语用学的专业课能够有效弥补非英语专业学生语用知识的不足。语用能力最重要的就是实践，教师可以将讲课和口语对话练习结合起来授课，将中西方文化的差异单独进行对比、练习，实现交际信息的对等传递。其实，无论教师怎样努力地创设真实的语境让学生进行模拟交流，说到底还是虚拟的，达不到真实的效果，不妨为非英语专业学生也聘请外教授课。这样能够使学生感受目的语文化，锻炼口语能力，获得充分的语料资源。此外，在课程之余，学校可以开展各类语用教学活动，如英语角、英语文化节或欧美周末电影大放送等，实现英语学习的长期化和趣味化。

# 第五节 英语教学中的语用教学探索

我国目前的外语教学，无论是教学规模、人们的学习热情，还是教育部门在这方面的投入都达到了前所未有的程度，其根本原因当然是强国兴民的需要。任何一个国家在现代文明的进程中都离不开与其他国家的交流和合作。我国作为 WTO 的一员，外语无疑将成为我国积极参与国际交流、提升国际竞争力的重要手段。外语在我国现代化建设中所发挥的作用举足轻重，重视外语教学、提高外语教学质量也就成为必然。

多年来，我国英语教学中存在这样的现象，大部分学生具备较高的学习热情，在英语学习中也花费了较多的时间，但是能够达到准确、流畅、恰当地使用外语进行交际的学生却只占少数，这样的结果也使我国的英语教育界感到困惑。学习英语最终的目的要能够使用英语成功、有效地进行交际，而我国大量学生难以达到这一点是由多方面原因造成的。在客观因素方面，我国的汉文化源远流长，汉语使用人数多、地位稳固，在我国使用外语的环境和空间还有待拓展。在主观因素方面，长期以来，英语教学界对于学生使用英语进行交际的认识不足，有的教师自身的交际能力也不强，因此在教学中，只将重点放在语言知识的传授上，包括语法知识的灌输、英语词汇的记忆、英语发音的纠正等方面。这样虽然使学生获得了较为扎实的语言基础，但是在跨文化语境下，学生将其掌握的语言知识英语到交际中的能力并不强，他们在交际中的表现与其所掌握的语言知识不符。这样的结果也对我国的英语教学带来了一定的负面影响，如果不对其进行纠正，就会影响我国英语教学质量的提高，不利于我国学生对于英语技能的掌握，甚至对我国的长远发展也造成一定的影响。从提高学生英语交际能力的角度来说，应将语言学及其相关教学理论作为指导，对我国的英语教学进行改革和创新，改变过去从语言内部结构入手的传统教学，转为从语言外部表达的需要出发，培养学生的语用能力。

## 一、语用能力和语法能力的关系

语用学以语言的使用为主要研究内容，既包括说话人利用语言和外部语境进行意义的表达，也包括听话人对于说话人话语的分析和推理。理解和使用语言的能力就是语用能力。我们并不能将语用能力与语法能力等同，因为掌握语法知识并不意味着具备了相应的语用能力。此外也不能将语用能力与交际能力等同，因为除了语用能力之外，利用语言外因素完成交际的能力也是交际能力的重要组成部分。语用能力是指人们在言语交际活动中能够准确、得体、有效地使用和理解语言，实现话语效能并达到交际目的的能力。因此，语用能力的基本特征体现在以下四个方面：①语用层面上对语言规则的遵守；②社交语用层面上对文化差异的注重；③心理认知层面上对态度的了解和行为的制约；④时空情境层面上对语境限制的注重。在语言的具体运用中，语用能力是人们有效使用和理解语言的手段和重要保障，因此语用能力并不是抽象、孤立、空泛的。

语法能力是指人们对语言内部结构系统掌握的能力。严格来说，语法能力属于语言结构理论的范畴。但是从宽泛的层面来说，语法能力也可以指与语言内部结构系统相关的内化知识的总和，包括语音、词法、句法、抽象语义等。语法能力是语言学习的基础，不具备一定的语法能力，就不能全面、有效地实现语用能力。然而，语法能力并不能完全取代语用能力。只有这两种能力互相结合，人们才能成功实现对语言的理解和使用。在日常的言语交际中，有些语句虽然在语法或逻辑上是正确的，但是在语用上却并不能够行得通，这也表明语用关注的不是语法和逻辑，而是特定场合下语言运用是否恰当、得体。能够达到语言运用的恰当、得体，即使话语在语法或逻辑上有问题，人们也能够接受。

例 1：

Hamburger just left without paying.

这句话表面上的意思为汉堡包不给钱就跑了，在逻辑上存在问题。但是其在实际的语用中却是正常的，因为“hamburger”一词在这里实际上指的是吃汉堡包的人，这句话所表达的意思是吃汉堡包的人逃单了。

从这一例子中就可以看出，语法能力与语用能力之间既存在着一定的区别，又是密不可分的，二者相辅相成。在英语学习中，这两方面能力都是十分重要的，都应充分掌握。但是，学术界也有相关研究表明，这两种能力在培养和内化上是相互独立的，掌握较高水平的语法能力，并不意味着同时具备了高水平的语用能力。他们将设置了两组学习者，一组是以英语为第二语言（ESL）的学习者，一组是以英语为外语（EFL）的学习者，通过对比试验发现，两组学习者对语言错误和语用错误的敏感度和评价存在差别。

目前，学术界对于在外语教学中语法能力与语用能力的先后问题还存在争论。对于英语教学来说，哪种能力优先应根据具体情况进行具体分析。对于母语习得者来说，由于生活在第一语言环境中，不需要对语法知识进行内化就能够习得母语，因此语用能力就在言语交际中占据主导地位。外语习得者的情况则存在差别。外语习得者需要将习得的外语知识内化，在外语的学习过程中，外语和母语在语法、语用能力上既有差异也有相同之处，因此会出现互相重叠或互相影响的情况。对于英语教学来说，应将关注的重点放在如何使已习得母语的学生在使用外语时，能够将语法和语用两个层面有效地连接；应着眼于外语的语用，实现外语语法知识向语用能力的转化。

## 二、英语教学中的语用路向探索

路向一词即英语中的“approach”，而英语教学的语用路向，就是在英语教学中应用语用学的方法。对于我国的英语教学来说，可以从语用入手，再逐步实现语法知识的内化。语用能力和语法能力是相辅相成的，因此在英语教学中强调语用能力的有限并不意味着对语法能力的否定和对于语法知识教学的忽视。在英语教学中结合语用学理论，可以从以下四方面进行。

### （一）语用行事说

日常语言学派的奥斯汀对言语行为理论进行了较为详尽的论述，瑟尔（Searle）对这一理论进行了继承和发扬，使其更加严密、完善和系统。语用行为理论指出语言的使用就是通过言语的表述实施某种行为，从而达到一定的交际意图。这一理论使语言的功能得到了强化和突出，推动了语言研究由语言内部系统的形式化定位向语言外部作用下的功能性研究的转化。

例 2：

Waiter！ There is a fly in my soup.

从语法层面来说，例 2 属于陈述性语句，从语用层面来说，说话人通过向 Waiter 陈述汤里有苍蝇的事实，实施了对这一问题不满的表达和换汤要求的提出。

因此，在英语教学中应提倡通过教学实践实现语法与语用的连接和过度，从静态形式向动态功能转化。教师在课堂教学中既要作为语言知识的传授者，又应作为功能活动的组织者和参与者，通过语言功能实现语言形式的教学，将语言功能的掌握作为教学的主要目的，使语言教学实现功能与形式的相辅相成。

### （二）语用推理说

语用推理是指对会话含义的推断，其来自格赖斯的会话含义理论。此后，斯珀伯和威尔逊又创建了关联理论，对交际中的认知进行了详细的叙述，实现了语用推理学说的进一步发展。关联与认知引起了较大的关注，其研究涉及交际中人们对语言的理解问题，理解的认知机制方面的研究也应运而生，并成为语用学分支中认知语用学的重要内容。关联理论的语用推理的产生，实现了对言语交际中单纯的“语码模式”的补充，并建立了为实现交际中的相互理解而必行的“推理模式”，该模式的建立也使得人类交际行为隶属于认知行为这一论断的说服力得到增强，并逐步将人类语言运用的认知机理研究引向深入。

在实际的言语交际中，经常会存在“明话暗说”的情况，即以间接、委婉的方式进行意思的表达。听话人只有对其进行语用推理，才能够理解说话人的真实意图。

例 3：

A：Is Mike engaged？

B：He’s bought a ring.

例 3 中，关于 A 的 Mike 是否订婚的问题，B 做出了他已买了戒指的回答，实际上间接地表达出 Mike 已经订婚的事实，进而实施奉劝 A 放弃对 Mike 的想法的言语行为。

语用推理作为人类认知过程的机制，在交际行为中起着不可或缺的作用。在英语教学中，也应为学生提供相关的训练，培养学生的语用推理能力。作为英语教学语用路向的重要组成部分，语用推理能够使学生的语用认知能力得到提高。因此，在英语教学实践中，应配合一定的语用推理训练，也可编写相关的教材或设计相关的项目。

### （三）语用文化说

文化作为一种社会范畴与人们的生活和交际有着密切的关系。在一定的群体中，文化起到了将个体维系在一起的作用，即共同的观念和准则。文化有广义和狭义的分别，总结而言可以将其分为三个方面，即实物文化、通俗文化、精神文化。这三个方面都是与人类社会同步形成、发展和变化的。人们所处的社会、历史、民族不同，文化也不同。从认知的角度来说，那些建立在人类经验知识基础上的文化，尽管在社会、历史、民族因素上存在差异，但是其也存在类似于基因一脉相承的现象，即“模因”现象。人们在言语交际中，不仅会进行信息的传递，也会实现各类文化的交流与传播。人们在对文化差异进行识别的同时，也会对其中共同的基因进行复制和模仿。

例如，在汉语中，饺子是一种独特的食物，“饺子”一词也是汉语特有的词汇，其中蕴含着独特的饮食文化。在跨文化交际中，常用“dumpling”一词表示汉语中的饺子。这样的翻译其实也存在不妥，因为在英语中“dumpling”指的是另外的一种食物，因此直接称呼其为“jiaozi”，能够突出其是中国独特的美食，取得更好的交际效果。

语言作为文化的载体也会承载着一定的文化内涵，因此在英语教学中应对这种文化内涵的差异提起重视，确保对言语意思的准确理解。

例 4：

A：Annie is a very nice girl in our class.

B：You think so. She is really an apple of discord wherever she appears.

在例 4 的对话中，A 认为 Annie 是个不错的女孩，而 B 却不同意 A 观点，认为 Annie 是引起不和的祸根。“an apple of discord”是理解这句话的关键，其来自希腊神话，说的是海神之女西蒂斯（Thetis）和希腊英雄珀琉斯（Peleus）结婚，未请掌管争执的女神厄里斯（Eris）参加，厄里斯大怒。在婚礼上，厄里斯不请自来，意图制造不快。她送出金苹果，并说是送给最美丽的人，由此引起了众神的争夺，引起不和。因此“an apple of discord”具有“祸根”或“纷争之源”的意思。对于中国学生来说，如果不了解这一西方独特的文化内涵，就不能够理解这句话的真正意思。

注意“模因”现象是语用文化说的又一重要内容。它指文化基因的广泛传播和复制，指人们通过模仿和复制的方式传播思想、行为、格调或习惯。模因现象在语言交际中的表现是多样的，当一种说法出现，人们都会争相模仿。例如在英语中，“I am dying to know”与“I am anxious to know”所表达的意思相同，但是“I am dying to know”是在女性中较流行的一种表达方式，而男人则通常使用“I am anxious to know”。我国的学生在对这一新的表达方式进行模仿时，如果不了解这种差别，就会导致语用失误。

符合时代特征的、好的模因会得到广泛的传播，而过时的、不好的模因则会消失或者重组。在重视文化对语言影响的同时，还应该注意到“模因”作用下语言的复制和模因组合变异，这样将会对我国的英语教学带来积极的影响。

语用文化说突出和强化语言和文化两位一体的重要意义，因此在教学环节中，语言层面和语用层面上的文化教学都要重视，要做到两者结合、并驾齐行。

（四）语用效能说

言语交际在于成功地实现话语效能，取得交际效果，真正做到言之有效、言之必果。言语交际的实质是意图的传递与接收，其过程中的一切活动都是为了取得有效的交际效果。为此，语用效能首要关心的是各种场合下为实现交际目的而使用的语用策略。真话假说、假话真说，直截了当、旁敲侧击，明话暗说、暗话明说，长话短说、短话长说等手段，均可视为策略而适当加以利用。下面的例子显然是“吹嘘奉承”，甚至是“言不由衷”，但在特定的语境下，它也可以起到说话人期望的效果。

例 5：

A：Why did you apply for a job at this university？

B：I can’t imagine a better place to work. It’s got a great reputation，and it’s a friendly place in a beautiful environment.

例 5 是发生在求职者与面试人员之间的一段对话。在该话轮中，面试人员通过提问想了解应试求职者对该大学的了解程度。B 的应答尽管有“吹捧”之嫌，但就求职面试而言，它所取得的语用效能和达到的交际效果却是显而易见的，应试人或许会因此得到这份工作。

语用效能说目的在于培养和提高外语学习者实现话语意图、取得交际效果的能力，通过相关的话语效能训练，引导学生在言语交际中做到有的放矢，按照自己的意愿，达到言有所为、言蕴所含、含则能解、文化相知、言必达效。

通过以上的分析可以明确，我国的英语教育应以学习者对英语交际能力的掌握为最终目标，这有利于调动学生学习英语的主动性和积极性，并且能够协调语法知识与语用能力之间的关系，提高学生的语用能力。强调英语教学的语用学路向并不是对英语教学中其他路向的否定，英语教学中的每一种路向都是在一定的背景和需求下形成和发展的，都有其独特的作用，不存在某一路向必然优于另一路向。随着我国英语教育的不断发展，语用学对于英语教育的价值也越来越得到凸显，语用学与英语教学与实践之间的关系也变得越来越密切。

# 参考文献

[1] 李庭芗 . 英语教学法 [M]. 北京：高等教育出版社，1983.

[2] 王笃勤 . 英语教学策略论 [M]. 北京：外语教学与研究出版社，2002.

[3] 冉永平 . 语用学：现象与分析 [M]. 北京：北京大学出版社，2010.

[4] 俞东明 . 什么是语用学 [M]. 上海：上海外语教育出版社，2011.

[5] 何伟，彭漪，于晖 . 英语语用学教程 [M]. 北京：高等教育出版社，2010.

[6] 索振羽 . 语用学教程 [M]. 北京：北京大学出版社，2014.

[7] 束定芳 . 外语教学改革：问题与对策 [M]. 上海：上海外语教育出版社，2004.

[8] 严明 . 跨文化交际理论研究 [M]. 哈尔滨：黑龙江大学出版社，2009.

[9] 杨东 . 语用、语境与英语情态助动词的意义 [J]. 山东外语教学，2000（01）：37-40.

[10] 刘建达，黄玮莹 . 中国学生英语水平与语用能力发展研究 [J]. 中国外语，2012，9（01）：64-70.

[11] 乔竞宇 . 高职高专英语语法教学及教学案例分析 [J]. 中国校外教育，2013（22）：82.

[12] 何自然 . 在语用学指导下发展语用能力 [J]. 浙江外国语学院学报，2014（02）：1-8.

[13] 惠景露 . 基于教学语用学的大学英语课堂教学策略研究 [J]. 海外英语，2013（16）：61-62.

[14] 陈彩芬，王宗英 . 非英语专业理工本科生英语语用能力和认知策略的研究 [J]. 东华理工大学学报（社会科学版），2013，32（04）：468-471.

[15] 谢媛媛，赵越 . 二语学习者语用意识与语用能力的发展 [J]. 兰州教育学院学报，2010，26（03）：79-81.

[16] 王姝婷 . 语用学对外语教学的启示 [J]. 科技信息，2014（05）：118-119.